Karl-Heinz Zuber

Westerwald

55 Meilensteine der **Geschichte**

SUTTON

Inhalt

Zur Einführung

Raum und Landschaft

Der Name „Westerwald" taucht im Jahr 1048 erstmals auf: Ein Dokument erwähnt den Königshof Herborn im Dilltal und „den Wald im Westen". Im Lauf der Jahrhunderte weitete sich die Bezeichnung aus; seit etwa 1900 versteht man unter Westerwald die ganze Mittelgebirgslandschaft zwischen den Flüssen Rhein und Dill, Sieg und Lahn. Geologisch handelt es sich um den östlichen Teil des Rheinischen Schiefergebirges.

Wir nehmen uns in diesem Buch des Zentralraumes an. Unsere Wanderung beginnt im namengebenden Bereich des „Hohen Westerwalds". Von dort aus gehen wir entgegen dem Uhrzeigersinn in den Raum südlich der Sieg, queren dann östlich des Rheins die alten Grafschaften Sayn und Wied, um unseren Rundgang entlang der Lahn nach Osten in die einstigen nassauischen Gebiete fortzusetzen. Das Lahn-Dill-Bergland gehört geografisch auch noch zum Westerwald, historisch aber eher zur Landgrafschaft Hessen – wir lassen es hier deshalb außer Betracht.

In Zusammenhang mit dem Westerwald tauchen immer wieder die Begriffe „Wind" und „kalt" auf – nicht erst seit dem Soldatenlied des 20. Jahrhunderts. Und in der Tat zeigt die Hochfläche, die sich im Westen bis etwa 400 Meter und im Osten bis knapp 700 Meter Höhe aufwölbt, was man als „Reizklima" bezeichnet: frische Sommer, kalte Winter und deutlich erhöhte Niederschläge. Die Menschen ließen sich zunächst in den tiefer liegenden Randsenken nieder und eroberten sich erst allmählich die waldreichen Hochflächen.

Die Kelten wanderten im 7. vorchristlichen Jahrhundert aus dem Moselraum ein. Sie nutzten die reichen Erzvorkommen im unteren Lahntal und im Siegerland. Die historische Zeit beginnt mit den Römern, die das Rheintal als Grenzlinie gegen Germanien ausbauten und schließlich einen Landstreifen vom Neuwieder Becken bis auf die Höhen des Rheinischen Westerwaldes und des Taunus mit dem Grenzwall Limes sicherten.

Im 3. Jahrhundert wanderten Germanen ein, von Norden her Stämme der Franken, im Süden und Südosten die Chatten. Im Frankenreich unter Karl dem Großen wurden hier vier Gaue eingerichtet: der Auelgau um Siegburg, der Engersgau um das Neuwieder Becken, im Lahntal der Unterlahngau um Limburg und der Oberlahngau im Raum Wetzlar bis hinauf zum Rothaargebirge. Von den Flussniederungen aus erweiterten die Grafen schrittweise ihre Herrschaftsgebiete in die waldreichen Höhenlagen.

Das Christentum verbreitete sich entlang des Rheins und im Siegtal von Köln aus. Vom Moselraum her missionierten Sendboten den südlichen Westerwald und das Lahntal.

Nachfolger der Gaugrafen wurden im Hochmittelalter einige Familien, die im Westerwald größere Territorien aufbauen konnten: im Nordwesten die Grafen von Sayn und südlich anschließend die Grafen von Wied. Das Lahntal beherrschten zunächst die Grafen von Diez und die Herren von Runkel und Westerburg; in ihre Nachfolge trat das Haus Nassau mit zahlreichen Fami-

Geografie des Westerwalds: Landschaften und Randgebiete.

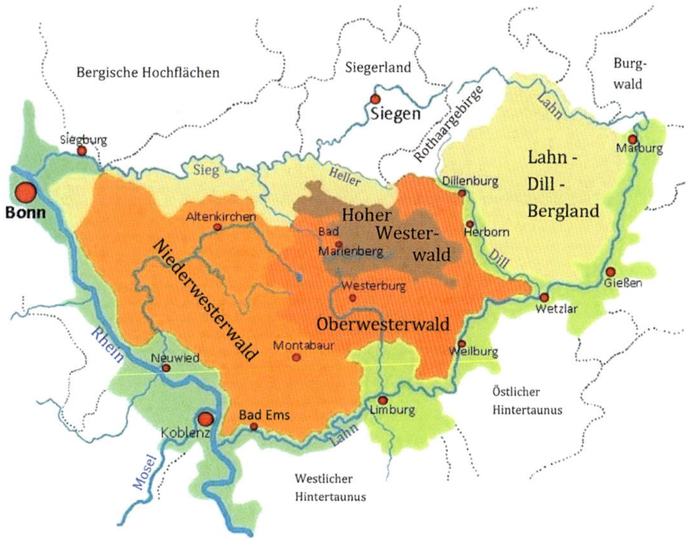

lienzweigen. In der Reformationszeit schlossen sich die Nassauer Linien dem Protestantismus calvinistischer Prägung an. Diese fürstlichen Territorien waren zu klein und zu unterschiedlich, um über größeren politischen Einfluss zu verfügen und ein Gefühl der Zusammengehörigkeit unter der Bevölkerung des Westerwalds entwickeln zu können.

Auch wirtschaftlich lagen die Zentren außerhalb. Den Westerwald querten große Handelswege: die Straße von Köln nach Frankfurt durch den Niederwesterwald und die Straße von Koblenz über Montabaur nach Limburg, die sich dann entlang der Lahn über Wetzlar bis Erfurt und Leipzig fortsetzte. Die Bergwerke lieferten ihre Erze in die Verhüttungszentren im Siegerland, am Mittelrhein und im Dilltal. Exportbedeutung erreichte nur die Steinzeugproduktion im Kannenbäckerland.

Konnte die Bevölkerung des Westerwalds von der landwirtschaftlichen und handwerklichen Produktion zunächst auskömmlich leben, so führten die Kriege des 17. und 18. Jahrhunderts zur Verarmung weiter Kreise. Kamen dann noch Missernten hinzu, grassierte der Hunger. Seit der zweiten Hälfte des 18. Jahrhunderts und zu Beginn des 19. Jahrhunderts wurden die Waldlandschaften der deutschen Mittelgebirge, von der Westpfalz über Eifel und Westerwald bis nach Nordhessen, zu Notstands- und Auswanderungsregionen.

Die Zeit Napoleons brachte dem Westerwald eine politische „Flurbereinigung“: Der Norden fiel 1806 an das Großherzogtum Berg, der Rest an das neu geschaffene Fürstentum Nassau, das von Wiesbaden aus regiert wurde. Nach dem Wiener Kongress gliederte Preußen Berg in seine Rheinprovinz ein und sicherte sich Wetzlar als Exklave. Nach dem Bruderkrieg von 1866 annektierte das siegreiche Preußen das Fürstentum Nassau und gliederte es als Provinz Hessen-Nassau in sein Königreich ein. Verwaltungsmäßig unterstand das Gebiet des Westerwalds nunmehr einem Oberherrn – aber politisch dominierte die Idee der neuen Nation.

Seit dem Zweiten Weltkrieg gehört der größte Teil des Westerwaldgebietes zum Bundesland Rheinland-Pfalz. Entlang der Sieg hat Nordrhein-Westfalen Anteil und an der mittleren Lahn sowie im Dilltal das Bundesland Hessen.

1 „O du schöner Westerwald“ Eine Region entdeckt sich

Auch wer noch nie dort war, weiß, dass hoch oben der Wind bläst und dass es im Westerwald kalt ist … Die Melodie zählt zum Fundus des deutschen Volkslieds, sie gehört zum Repertoire jedes Männergesangvereins, Rekruten der Bundeswehr lernten mit ihr zu gehen – in Kolonne und im Gleichschritt, versteht sich.

Kaum ein deutsches Volkslied ist so mit einer Landschaft verbunden wie das „Westerwaldlied“. Die Entstehungsgeschichte führt uns in das Jahr 1932, mitten hinein in den Hohen Westerwald, auf den Stegskopf. Eine Gruppe des „Freiwilligen-Arbeits-Dienstes“ (FAD) war dort mit Wegebauarbeiten beschäftigt, im Rahmen einer Arbeitsbeschaffungsmaßnahme, mit der Reichskanzler Brüning 1931 nach der Weltwirtschaftskrise Jugendliche und Arbeitslose für gemeinnützige Arbeiten einsetzte.

Zeitzeugen berichten, dass eine kleine Gruppe einen stürmischen Nachmittag damit verbrachte, ein paar Strophen über den heimischen Westerwald zu dichten. Man verwendete dazu Motive aus bekannten Liedern der Gegend, wohl auch eine verbreitete Melodie. 1935 komponierte der Limburger Militärmusiker Josef Neuhäuser nach dieser Vorlage den „Westerwaldmarsch“.

Das eingängige Lied verbreitete sich schnell, und es wurde weitergesungen, als sich der FAD nach der „Machtübernahme“ der Nationalsozialisten in den paramilitärisch organisierten Reichsarbeitsdienst wandelte. Der Marsch setzte sich bald als eines der beliebtesten Soldatenlieder durch. Als das Deutsche Reich den Zweiten Weltkrieg entfesselte und die Wehrmacht mit dem „Westerwaldlied“ in zahlreichen europäischen Ländern einmarschierte, war schnell die Verbindung mit der unheilvollen nationalsozialistischen Ideologie hergestellt und das Lied mit einer historischen Hypothek belastet.

Doch als 1955 die Bundeswehr aufgestellt wurde, übernahm sie in ihrem Liederbuch das „Westerwaldlied“ – nun aber mit der warnenden Fußnote, es müsse sorgsam abgewogen werden, „ob und wo dieses Lied durch Angehörige der Bundeswehr gesungen wird“. Mittlerweile hat sie kein Liederbuch mehr … So erklingt das „Westerwaldlied“ weiter in volkstümlichen Musiksendungen, und die Heimatvereine lassen sich ihre traditionelle Erkennungsmelodie nicht nehmen.

1888 wurde in Selters der Vorläufer des Westerwaldvereins gegründet. „Gesunde Luft und heilkräftiges Klima“ zu nutzen war das eine, daneben wollte man auch das Wissen um Geschichte und Kultur der „Heimat Westerwald“ fördern. Lange blieb es bei der Wanderbewegung und folkloristischen Laienspielen. Erst nach dem Zweiten Weltkrieg konnte man sich stärker um Wissenschaft und Kultur kümmern. Ein Meilenstein auf diesem Weg war 1976 die Gründung des Land-

„Ein herber Menschenschlag": geradeaus, arbeitsam, bescheiden, arm – das traditionelle Familienbild im 19. Jahrhundert (Landschaftsmuseum Westerwald Hachenburg).

schaftsmuseums Westerwald in Hachenburg. Tourismus-Organisationen nehmen sich publizistisch der „Wäller Heimat" an, ein „Geopark", getragen durch einen länderübergreifenden Zusammenschluss von vier Landkreisen, erschließt und popularisiert die Erdgeschichte des ganzen rechtsrheinischen Schiefergebirges.

Eine erfolgreiche Strukturpolitik hat in der Gegenwart das Bild vom Westerwald gründlich verändert. Autobahnen und der Eisenbahn-Schnellverkehr entlang der historischen Trassen lassen die Ballungszentren an Rhein und Main naherücken. Mittelständische Industrie profiliert sich mit erfolgreichen Start-ups. Die Städtchen mit malerischen Ortsbildern und die unversehrten Landschaften sind nun das Kapital für den Fremdenverkehr: Motto ist jetzt nicht mehr der „raue", vielmehr der „schöne" Westerwald für die Erholungssuchenden im Sommer und im Winter.

2 Vulkane – aber ganz flach
Der Hohe Westerwald

Der Name deutet es schon an: Hier kulminiert die Landschaft Westerwald. Wer sich allerdings vorstellt, „höchster Ort" müssten Berge sein mit steilem Anstieg und weiter Aussicht, wird vor Ort enttäuscht sein. Es handelt sich um eine gewellte Hochfläche, auf der die höchsten Punkte kaum auszumachen sind.

Das Rheinische Schiefergebirge, zu dem der Westerwald zählt, war vor etwa 400 Millionen Jahren ein flacher Meeresarm. Erst in „jüngerer" Zeit – in der Geologie muss man mit sehr langen Zeiträumen rechnen, etwa vor 15 Millionen Jahren –, als die Alpen aufgefaltet wurden, hob sich auch das Schiefergebirge und zerbrach dabei in verschiedene Schollen. In den Spalten tief in der Erdkruste drang Basaltlava auf; in unserer Gegend entstanden zahlreiche Vulkane, aus denen sich die recht dünnflüssige Lava in einer dicken Schicht über die Schieferflächen ergoss und eine große geschlossene Fläche ausbildete. Die natürliche Erosion hat seitdem die Erhebungen kräftig abgehobelt. So zeigt diese Basalt-Hochfläche heute ein Hügelland mit sanften Kuppen und breiten Tälern in einer Höhenlage zwischen 500 und 670 Metern, eben den „Hohen Westerwald".

Diese Voraussetzungen bestimmen Klima und Wirtschaftsform. Die Temperaturen sind kühl, die Niederschläge hoch, die Vegetationsperiode ist recht kurz. Demnach überwiegt die Grünlandwirtschaft. Weite Teile des Hochlandes waren früher mit Laubwäldern bewachsen. Die Rodungen seit dem Mittelalter und der Bedarf an Holz für Bergbau und Erzgewinnung drängten den Wald in den tieferen Lagen weit zurück.

Die Regierungen des 19. Jahrhunderts drängten – oft gegen den Widerstand der Bauern – darauf, Hutweiden und Heideflächen aufzuforsten; dafür wurde in erster Linie die schnellwachsende Fichte bevorzugt. Fichtenwälder prägen bis heute die Anhöhen – sie sind freilich auch besonders anfällig für die Folgen der Klimaerwärmung und werden zunehmend wieder durch Laubbäume ersetzt.

Vorwiegende Siedlungsform sind kleine Dörfer, auch Städte haben nie große Einwohnerzahlen erreicht – obwohl eine durchaus bedeutende Handelsstraße, ein Nebenweg der Köln–Leipziger Straße, der in Altenkirchen von der Frankfurter Straße abzweigte und über Herborn Richtung Marburg führte, quer über den Hohen Westerwald lief. Politisches Zentrum war das Kirchspiel Marienberg, seit 1248 Sitz eines Gerichts. Der Ort wechselte mit den zahlreichen nassauischen Herrschaftsteilungen mehrfach die politische Zugehörigkeit. In der preußischen Provinz Hessen-Nassau wurde Marienberg Sitz des Oberwesterwald-Kreises, eine Funktion, die es 1932 an Westerburg verlor.

1939 erhielt Marienberg Stadtrechte, 1967 bekam es als Kneipp-Kurort den Titel „Bad". Die Bedeutung der Kuren ist heute geschwunden, im Vordergrund steht die Funktion des Zentrums für den Tourismus im Hohen Westerwald. Hier hat die Stadt neben einem ansprechenden Ortsbild eine Menge beliebter Routen zu bieten, zu einem Wildpark, zu geologischen Besonderheiten wie dem großen Basaltpark – einem aufgelassenen Steinbruch – oder dem Naturdenkmal Wolfstein, von der Erosion bizarr herausgearbeiteten Resten der dicken Basaltdecke. Im Winter locken präparierte Pisten die Langläufer, mit direktem Anschluss an den Fernwanderweg über die Kammlagen des Hohen Westerwaldes.

Der Ketzerstein bei Liebenscheid im Hohen Westerwald: von der Erosion herauspräparierter Blockbasalt.

3 Kohle gab's auch
Grube Alexandria in Höhn

Wer denkt spontan beim Westerwald an Kohle? In und um Marienberg nutzte man schon seit dem 16. Jahrhundert Braunkohle, die an verschiedenen Stellen zutage trat, für die Heizung. Als sich dann im Siegerland die Eisenindustrie entwickelte, hoffte man darauf, die knappe Holzkohle für die Verhüttung ersetzen zu können.

Im Tertiär, vor etwa 20 Millionen Jahren, war das Rheinische Schiefergebirge durch die Erosion schon weitgehend eingeebnet. In einigen Talmulden bildeten sich Sümpfe und Moore, in denen im damals subtropischen Klima dichte Urwälder wuchsen. Dieses organische Material sammelte sich in dicken Schichten an und wurde wiederum durch sandige Ablagerungen, Ton oder Lava aus Vulkanausbrüchen überdeckt. Durch den Druck und unter Luftabschluss entstand daraus die Braunkohle. Im Unterschied zur Steinkohle, die aus wesentlich älterer geologischer Zeit stammt – vor etwa 300 Millionen Jahren –, enthält Braunkohle mehr Wasser sowie weniger Kohlenstoff und zerbröckelt leicht. Sie ergibt weniger Hitze, und so ließ sie sich nicht für die Verhüttung der Eisenerze im nahen Siegerland verwenden.

Das Zentrum des Westerwälder Braunkohlenreviers lag um Marienberg, Westerburg und Breitscheid an der oberen Dill. Mitte des 19. Jahrhunderts begann man, Dampfmaschinen für die Förderung und Entwässerung einzusetzen, und konnte so in tiefere Schichten vordringen, die hochwertigere Kohle lieferten. In dem Revier zählte man um die 20 Bergwerke. Das größte davon lag in Höhn, südöstlich von Marienberg. 1826 nahm hier die Grube Alexandria ihren Betrieb auf. 1907 erreichte die Westerwald-Querbahn von Herborn über Rennerod und Westerburg bis nach Montabaur das Revier (→ S. 112/113); die verbesserten Transportmöglichkeiten förderten die Nachfrage nach der Westerwälder Kohle für die Verbrennung in Öfen und Dampfmaschinen.

Wichtigster Abnehmer wurde 1914 ein großes Kraftwerk, das die Elektrizitätswerke Westerwald in Höhn errichteten. In der Notzeit nach dem Ersten Weltkrieg erreichte die Braunkohleförderung ihren Höhepunkt: Allein in der Grube Alexandria arbeiteten über 1000 Kumpel. Das Elektrizitätswerk blieb auch in der Folgezeit der wichtigste Abnehmer. Freilich konnte sich die Westerwälder Kohle im Konkurrenzkampf mit dem hochwertigen Anthrazit aus dem Ruhrrevier und den billigeren Angeboten aus den riesigen Tagebauflächen am Niederrhein zwischen Köln und Aachen nicht behaupten. Die meisten Bergwerke mussten schließen.

Als Ende der 50er-Jahre auch noch das Elektrizitätswerk Höhn geschlossen wurde, waren die Tage der Grube Alexandria gezählt. 1961 musste sie die Förderung einstellen. Die oberirdischen Anlagen wurden abgebaut, vom Kraftwerk existiert heute noch eine Ruine, im Gelände holt sich die Natur die letzten Halden zurück.

Denkmal aus der Industriezeit auf dem Marktplatz in Höhn: der Förderturm der nahen Grube Alexandria, davor eine batteriebetriebene Grubenlokomotive mit Förderwagen, den Hunten.

Höhn gehört heute zur Verbandsgemeinde Westerburg. Der Ort bietet den Touristen zahlreiche Wandermöglichkeiten in der gesunden Höhenluft des Westerwalds; ein Skilift in der Nähe zieht auch im Winter Fremdenverkehr an. An die industrielle Vergangenheit des Ortes als Bergbauzentrum erinnert in der Ortsmitte der vor der Verschrottung bewahrte Förderturm der Zeche Alexandria.

4 124 Stufen in die Erdgeschichte
Karsthöhlen Breitscheid

Stille Wälder, weite Weideflächen mit Fernblick, Wanderwege mit gespurten Loipen im Winter – das ist noch nicht alles, was der Westerwald dem Naturfreund zu bieten hat. An der Ostseite, in Breitscheid, gleich hinter der hessischen Grenze, führt er ihn auch tief unter die Erde …

Im flachen Meer der Oberen Devonzeit vor etwa 350 Millionen Jahren bildete sich – da, wo heute Breitscheid liegt – im warmen Wasser ein Riff: Schwämme und Korallen bauten es mit ihren Kalkablagerungen auf. Die Hebung des Gebirges hat dieses Riff als eine heute bis zu dreihundert Meter dicke Schicht von Kalkstein an die Oberfläche befördert. Im Wasser enthaltene Kohlensäure hat diesen Kalkstein „angefressen", ausgelaugt. Regenwasser versickert in Klüften an der Oberfläche und kann unter der Erde Hohlräume auswaschen – diese geologische Erscheinung nennt man Karst. So kommt es, dass der Erdbach gleich hinter Breitscheid in einem Erdloch verschwindet und erst nach mehr als einem Kilometer als stark sprudelnde Quelle wieder aus dem Felsen kommt.

Höhlen im Kalkfelsen waren in der Nähe von Erdbach schon lange bekannt. In der „Kleinen Steinkammer" hat man am Ende des 19. Jahrhunderts Bärenknochen ausgegraben und ein paar Skelette vorgeschichtlicher Menschen. Es handelte sich um Menschen, die in der Hallstattzeit etwa 700 vor Christus lebten – einer Epoche, in der man begann, die Erzvorkommen im Westerwald auszubeuten. Bronzene Schmuckstücke aus diesen Funden sind im örtlichen Heimatmuseum ausgestellt.

Die Höhlenforscher nahmen sich des großen Höhlensystems an. 1965 gelang es erstmals, durch eine Doline, ein Sickerloch, in die Tiefe hinabzusteigen. Ihr größter Erfolg war es, als sich in einem nahen Kalksteinbruch ein freigesprengtes Loch in der Felswand als Zugang zu einer weiteren großen Höhle herausstellte, die ein Gangsystem von 13 Kilometern Länge aufwies, mit weiten Tropfsteinhallen und engen wassergefüllten Passagen, die man durchtauchen muss. Nach dem Zeitpunkt der Entdeckung nannte man sie Herbstlabyrinth; es ist Hessens größtes Höhlensystem. Zwischen 2006 und 2009 konnte ein Teil dieser Höhle für Besucher erschlossen werden. Eine steile Treppe führt 35 Meter tief in die „Knöpfchenhalle", in der Tropfsteine und weiße Gebilde aus Kalkkristallen von Scheinwerfern in magisches Licht getaucht werden. Weitere Forschungen zeigten 2013 auch auf, dass von diesem Herbstlabyrinth aus ein Quergang zur benachbarten Erdbachhöhle führte, von der bis heute gerade erst zwei Kilometer erforscht sind.

Für die Besucher hat der Geopark Westerwald zwischen Breitscheid und Erdbach einen Karst- und Höhlenlehrpfad eingerichtet, auf dem immer wieder reichbebilderte Informationstafeln alle gewünschten Informationen liefern.

Der Kalksinter, der sich an den Wänden der Breitscheider Höhle absetzte, schuf bizarre Formen.

5 Eine Bibel in Bildern
Stadtkirche Haiger

Die evangelische Stadtkirche überragt malerisch das Ortszentrum. Der schlichte Bau mit seinem massigen romanischen Westturm und dem eleganten gotischen Chor beherbergt einen Kunstschatz, der in weitem Umkreis seinesgleichen sucht: einen geschlossenen Zyklus von spätgotischen Fresken.

Der Ort Haiger liegt in einer weiten Talsenke; der Bergrücken Kalteiche bildet die Grenze zum Siegerland im Norden. Ein alter Handelsweg vom Rhein führt vom Westerwald nach Osten herab und trifft hier auf die wichtige Verbindung vom Siegerland zur Wetterau und an den Main.

Die Franken hatten in Haiger einen Königshof, von dem aus die kleine Haigerer Mark am Oberlauf der Dill verwaltet wurde. Schon in karolingischer Zeit stand auf dem Kirchhügel eine Taufkirche, die Vorläuferin der heutigen Stadtkirche. Davor hatten die Ritter von Haiger eine kleine Wasserburg; ihre Lehensherren waren seit dem 14. Jahrhundert die Grafen von Nassau.

Haiger besaß schon früh Marktrechte und entwickelte sich zu einer kleinen Stadt, ohne je die Rechte offiziell verliehen zu bekommen. Matthäus Merian zeigt uns in seiner „Topographia Hassiae“ 1655 auf einem Stich die Stadt mit der dominierenden Kirche umgeben von Mauer und Graben. Es gab eine Lateinschule: Ihr bekanntester Schüler ist Johann Textor (1582–1626), der als Stadtschreiber in Haiger und Dillenburg wirkte. Er verfasste 1617 die „Nassauische Chronik“, in der er die Geschichte des Geschlechts auf sagenhafte antike Ursprünge zurückführt.

Eine Verlagerung der Verkehrswege bremste die Entwicklung des Ortes, Krieg und Stadtbrände zerstörten zahlreiche Gebäude. Die Nachbarstädte Siegen, Dillenburg und Herborn überflügelten Haiger. 1862 erreichte die preußische Eisenbahnlinie von Köln-Deutz durch das Siegtal nach Wetzlar die Stadt Haiger und förderte die industrielle Entwicklung in der Stadt. In den 1960er-Jahren schloss der Bau der Autobahn A 45, der Sauerlandlinie, auch Haiger an das europäische Fernstraßennetz an.

Die Stadtkirche Haiger geht auf die romanische Zeit zurück, davon zeugt noch der massive Kirchturm. Das Kirchenschiff wurde in der Gotik neu errichtet. Der letzte Ritter von Haiger veranlasste in den Jahren nach 1485 die reichhaltige Ausmalung des Chors durch flämische Künstler. Das Kunstwerk wurde erst um das Jahr 1900 „entdeckt“: An der Decke des Chors blätterte die weiße Farbe ab und ließ die Gemälde darunter erkennen. In der Reformationszeit hatte sich die Grafschaft Nassau 1578 der calvinistischen Richtung der Reformation zugewandt (→ S. 22/23), und da war man darangegangen, die Kirchenräume von „allerhand Götzen, Kreuzen, Fahnen und dergleichen Bildern“ freizuräumen. Die Wandmalereien im Chor der Haigerer Kirche wurden dick mit

Detail aus den spätgotischen Fresken in der Pfarrkirche Haiger: Beim Letzten Abendmahl bezeichnet Jesus Judas als den, der ihn verraten wird.

weißer Farbe übermalt – und diese Farbe trug sogar dazu bei, dass die Bilder beim großen Stadtbrand von 1723 vom Rauch nicht zerstört wurden. Erst die Renovierung in den ersten Jahren des 20. Jahrhunderts brachte sie wieder zum Vorschein.

Die Fresken untergliedern sich in drei Zyklen. Auf der untersten Ebene, nahezu in Augenhöhe des Betrachters, schildern 15 Szenen die Passion Jesu Christi, beginnend mit dem Einzug in Jerusalem über den Kreuzestod bis zur Grablegung. Darüber erscheinen in den Nischen zwischen den hohen gotischen Fenstern die Figuren der 12 Apostel, versehen mit ihren Attributen; Schriftbänder geben ihre Namen wieder. Das Deckengewölbe schließlich zeigt Christus als Weltenrichter auf dem Regenbogen sitzend, ihm zur Seite seine Mutter Maria und der Jünger Johannes. Zur Rechten Christi werden die Wohltaten geschildert, die auf die erlösten Gläubigen warten, zur Linken die Qualen, die alle Teufel den hartnäckigen Sündern antun.

Die Künstler zeigen die Menschen in den Gewändern der Zeit, die Kriegsknechte in Ritterrüstungen. Alle freien Flächen in den Gewölben sind reich verziert mit Blumen und Rankenwerk. Mit diesem Realismus dienten die Bilderfolgen den Kirchenbesuchern des ausgehenden Mittelalters als eindrucksvolle Illustration der christlichen Lehre, die der Pastor vortrug.

6 Der „Vater der Niederlande“
Wilhelm von Oranien

Dillenburg bezeichnet sich als „Oranierstadt“: Orange-Blau sind die Stadtfarben, Straßen, Gymnasium, Schwimmfest, Parkhaus und gesellige Vereinigungen nennen sich nach der Dynastie ... Kein Zweifel, da gibt es eine enge historische Verbindung zwischen dem hessischen Städtchen am Ostrand des Westerwalds und den Niederlanden.

Wie kommt Dillenburg zu dieser überraschenden Historie? Wohl um 1150 bauten die Grafen von Nassau auf der Anhöhe über der Dill eine Burg. Das Grafenhaus stammte von der unteren Lahn (→ S. 90/91). Es hatte Herrschaftsrechte zwischen der Lahn und dem Hohen Westerwald. 1303 – anlässlich einer der zahlreichen Landesteilungen – wurde Dillenburg Sitz einer Nebenlinie des Hauses Nassau. 1403 vermählte sich der Dillenburger Graf Engelbert mit Anna von Polanen aus Breda, einer Stadt am Niederrhein. Das brachte der Familie umfangreiche Besitzungen in den Niederlanden ein. Der Familienzweig gewann dann durch Heirat das Fürstentum Orange an der Rhone und das Oberhaupt führte seitdem den Titel „Prinz von Oranien“.

Die Niederlande gehörten zum Herzogtum Burgund, das 1477 durch Erbschaft an das Haus Habsburg fiel. Die Länder an der Rheinmündung waren zu Beginn der Neuzeit das Wirtschaftszentrum Europas. Ihre reichen Kaufleute und Seefahrer wahrten die überkommenen Rechte in mächtigen Ständeversammlungen in 17 Provinzen, die durch königliche Statthalter regiert wurden.

Wilhelm von Nassau wurde 1533 in Dillenburg geboren. Im Alter von elf Jahren trat Wilhelm das Erbe seines Vetters René von Oranien an, der als Statthalter der nördlichen Provinzen Holland, Zeeland und Utrecht wirkte. Der Regent, Kaiser Karl V., selbst in Gent geboren, nahm sich des jungen Prinzen aus dem evangelischen Haus Dillenburg persönlich an und ließ ihn am Hof von Brüssel – katholisch – erziehen. 1555 dankte Karl V. als Kaiser ab – mit seiner Idee eines einheitlich katholischen Weltreiches war er gescheitert. Die Niederlande fielen 1556 an Philipp II. von der spanischen Linie der Habsburger. Die Handelsstädte in den nördlichen Niederlanden schlossen sich der reformierten Lehre an. Philipp II. wollte dort gewaltsam den Katholizismus durchsetzen. Seit 1559 Statthalter, suchte Wilhelm von Oranien zu vermitteln, er trat für einen Ausgleich der Konfessionen und die Rechte der Provinzen unter der königlichen Oberhoheit ein.

Der Feldherr Philipps II., Herzog Alba, errichtete jedoch in den Niederlanden eine Militärdiktatur, die Inquisition wütete. Während die südlichen Provinzen katholisch blieben, schlossen sich die evangelischen Nordprovinzen 1568 zusammen und führten Krieg gegen die Spanier, um ihre Unabhängigkeit zu erkämpfen. Die Statthalter Graf Egmont und Hoorn wurden 1568 als Aufrührer hingerich-

Denkmal für Wilhelm von Oranien vor dem „Wilhelmsturm", der 1885 an der Stelle der zerstörten Burg errichtet wurde.

tet. Wilhelm von Oranien konnte sich in seine Heimat Dillenburg retten und organisierte von dort aus den Freiheitskampf mit Geldmitteln und Soldaten. Für die Niederländer wurde er zum Repräsentanten der nationalen Erhebung.

Wilhelm trat zu den Reformierten über. Nach zehn Jahren des Krieges versuchte er 1576 in der „Pazifikation von Gent" noch einmal den Zusammenhalt der 17 niederländischen Provinzen zu erreichen – doch die Spaltung ließ sich nicht aufhalten: Die „Generalstaaten" des Nordens erklärten 1581 ihre Unabhängigkeit von Spanien, die ihnen definitiv 1648 im Westfälischen Frieden verbrieft wurde. Aus den Südprovinzen ging das heutige Belgien hervor. 1584 wurde Wilhelm in Delft von einem katholischen Fanatiker erschossen.

Im „Wilhelmus", einem Lied der Aufständischen, das zur Nationalhymne wurde, erinnern die Niederländer noch heute an den Nassauer. Das niederländische Königshaus Oranien-Nassau wahrt enge Beziehungen zu Dillenburg als der Heimat der Vorfahren. Dillenburg selbst wurde zu einer Nebenresidenz. Die Stadt hatte durch Kriege und Brände schwer zu leiden. Ein Museum im „Wilhelmsturm" erinnert an ihre große Geschichte.

7 „Das hessische Rothenburg“ Herborn

Gerade sieben Kilometer südlich von Dillenburg liegt Herborn. Die Geschichte des Ortes im Dilltal kündet uns vom Konflikt der Westerwaldgrafen aus dem Hause Nassau mit den Nachbarn aus der Landgrafschaft Hessen. Die Touristen fasziniert in erster Linie das bestens erhaltene Fachwerk in den Altstadtvierteln.

Die Nassauer Grafen strebten danach, ihren Besitz von Dillenburg aus nach Süden auszudehnen. Wohl für seine Verdienste um Kaiser Friedrich Barbarossa erhielt Graf Rupert III. von Nassau Herrschaftsrechte in der kleinen Mark Herborn vom hessischen Landgrafen zu Lehen. Die Nassauer gingen daran, ihren neuen Besitz zu festigen; um 1250 erbauten sie in Herborn eine Burg, der zugehörige Ort erhielt 1251 Stadtrechte.

Die neuen Herren stießen dabei auf den Widerstand der alteingesessenen Adelsgeschlechter, die um ihre überkommenen Rechte fürchteten und sich um die Unterstützung der Landgrafen bemühten. So entbrannte ein hundertjähriger Kleinkrieg, der nach dem führenden Geschlecht die „Dernbacher Fehde“ genannt wurde. Beide Seiten errichteten Burgen, die schnell von den Gegnern wieder zerstört wurden, Dörfer wurden geplündert und niedergebrannt, Reisende überfallen.

Letztendlich konnten sich die Nassauer Grafen durchsetzen: Es gelang ihnen, die Burg Dernbach zu zerstören und Schritt für Schritt den erschöpften kleinen Herren ihre restlichen Besitzungen abzukaufen. 1333 wurde endlich ein Friedensvertrag geschlossen. Die Erben der Herren von Dernbach zogen sich nach Osten zurück und errichteten unter dem Schirm der Landgrafschaft Hessen neue feste Sitze. Die Grafschaft Nassau und die hessischen Besitzungen wurden 1352 neu abgegrenzt.

Herborn lag als Marktort verkehrsgünstig an großen Handelswegen: Von Siegen her führte die „Frankfurter Straße“ entlang der Dill in den Raum Wetzlar, durch den Westerwald ging die „Leipziger Straße“, die von Altenkirchen aus nach Osten Richtung Marburg verlief. Im Mittelalter sicherte das Woll- und Ledergewebe den städtischen Reichtum, die nahen Erzlagerstätten begünstigten besonders seit dem 19. Jahrhundert die Metallwarenindustrie. Europaweiten Ruhm erwarb sich Herborn seit der Reformationszeit durch seine „Hohe Schule“ (→ S. 22/23).

Das Stadtbild, das Herborn seinen touristischen Ruf einbrachte, ist letztlich die Folge einer Katastrophe: 1626 suchte ein Großbrand die Stadt heim; die meisten der malerischen Häuser gehen auf den damaligen Wiederaufbau zurück – von weiteren Zerstörungen blieb die Altstadt verschont. Besonders die Viertel im Osten wurden recht einheitlich aufgebaut: Die meisten Häuser haben vier Stockwerke, ihre Fachwerkgiebel reihen sich an den Straßenfronten. Häufig sind die Fassaden mit Schiefer verkleidet. Die Stadtkirche St. Peter zeigt eine bewegte Baugeschichte seit der Romanik.

Die vieltürmige Burg überragt die Stadt. Sie stand im Schatten der nahen Residenz Dillenburg und diente vornehmlich als Nebenresidenz und Witwensitz. In den Jahren 1929–31 wurde sie gründlich restauriert und beherbergt heute das Theologische Seminar.

Blick vom Herborner Marktplatz auf Häuserzeilen der Altstadt.

8 Ein Hauptort der Reformation
Die „Hohe Schule" in Herborn

Wittenberg, die Wartburg, Worms – das sind Namen, die man spontan mit der Reformation in Verbindung bringt. Wie kam nun gerade die Fachwerkstadt Herborn am Rande des Westerwaldes zu dem Ehrentitel „Europäische Reformationsstadt", der ihr 2016 von der Gemeinschaft Evangelischer Kirchen in Europa verliehen wurde?

Herborn gehörte zur Grafschaft Nassau-Dillenburg. 1530 hatte der Landesherr sich nur zögerlich der lutherischen Lehre zugewandt. Erst sein Nachfolger Johann VI. führte 1566 unter dem Einfluss seines Bruders, des Grafen Wilhelm von Oranien (→ S. 18/19), das reformierte Bekenntnis ein. Die Lehren des Genfer Reformators Calvin verbreiteten sich besonders in der Schweiz, in Frankreich und in den Niederlanden. In Deutschland fanden sie vor allem Unterstützung beim Pfälzer Kurfürsten, der die Universität Heidelberg zur „Denkwerkstatt" der deutschen Reformierten machte.

1584 begründete Graf Johann von Nassau-Dillenburg in Herborn eine „Hohe Schule", in der die künftigen Pfarrer und Lehrer für die Grafschaft ausgebildet werden sollten. Die „Academia Nassauensis" hatte der Festigung der Glaubenslehre zu dienen. Generell standen Bildung und Volksschulwesen für die Reformatoren im Mittelpunkt: Wer die Heilige Schrift lesen sollte, musste lesen können!

Als Rektor seiner „Hohen Schule" gewann Graf Johann den Theologen Caspar Olevianus. Der hatte als Professor an der Universität Heidelberg am „Heidelberger Katechismus" mitgewirkt, einer der wichtigen calvinistischen Bekenntnisschriften. 1576 wurde er aus Heidelberg vertrieben. Mit Olevianus kam auch der Theologe Johannes Piscator nach Herborn; er brachte dort eine berühmte Bibelübersetzung heraus, die „Piscator-Bibel", die neben dem deutschsprachigen Text der Heiligen Schrift Kommentare zu den Schriftstellen und daraus abgeleitete Lehren enthielt. Für dieses und eine große Anzahl weiterer

Gedenkplatte für Jan Amos Comenius, den großen Pädagogen, der von 1611 bis 1613 an der „Hohen Schule" studierte.

Die Gebäude der „Hohen Schule" in Herborn. Sie beherbergen heute ein Heimatmuseum und ein Restaurant.

Werke brauchte man eine leistungsfähige Druckerei. Die fand man in der Offizin des Christoph Corvinus, der eine Druckerei in Frankfurt betrieb und in Herborn Schriften produzierte und vertrieb.

So entwickelte sich Herborn mit seiner „Hohen Schule" in der Nachfolge der Universität Heidelberg zur wichtigsten reformierten Ausbildungsstätte in Deutschland. Sie zählte bis zu 400 Studenten aus ganz Europa. Besonders stolz ist sie auf ihren berühmtesten Studenten Jan Comenius. Er stammte aus Mähren; nach seinen Studien wirkte er als Lehrer, Pfarrer und schließlich Bischof in Gemeinden der freikirchlichen „Böhmischen Brüder". Die Wirren des Dreißigjährigen Krieges trieben ihn als Glaubensflüchtling durch den Osten Mitteleuropas. Mit seinem Hauptwerk „Didactica Magna" gilt er als großer Erzieher und Sprachlehrer, als einer der Begründer der Pädagogik fand er in ganz Europa Gehör.

Der Ruf der „Hohen Schule" nahm seit dem frühen 18. Jahrhundert ab; den Titel „Universität" mit dem Promotionsrecht hat sie nie erhalten; dafür wäre ein Privileg des – katholischen – Kaisers nötig gewesen. Die „Hohe Schule" wurde 1817 geschlossen; ihre Nachfolge trat die „Theologische Fakultät der Evangelischen Kirche in Hessen und Nassau" an, die im Herborner Schloss untergebracht ist.

9 Reformation in der Architektur
Wenn die Kirche quer steht

Bewegen wir uns vom „Hessischen Westerwald" zurück auf die Höhen nach Westen. Wir passieren das Dreiländereck von Westfalen, Hessen, Rheinland-Pfalz. Hier, im Grenzgebiet gegen das Siegerland, konnten sich im frühen 14. Jahrhundert die Grafen von Sayn festsetzen.

Als Herrschaftssitz errichteten die Sayner Grafen unterhalb des Stegskopfes 1324 die Burg Friedewald. Ein paar Kilometer talabwärts liegt das alte Kirchspiel Daaden. Der Ort lebte lange Zeit von seinen Kupfer- und Eisenhütten. Heute gehört er als Gewerbe- und Fremdenverkehrsort zum rheinland-pfälzischen Kreis Altenkirchen. Das Ortszentrum wird von der evangelischen Pfarrkirche mit ihrem charakteristischen Zwiebelturm überragt.

Sie wurde 1722–24 vermutlich von einem Baumeister aus dem nassau-weilburgischen Umkreis im Stil des Barock errichtet. Vom romanischen Vorgängerbau ist nur der Turm erhalten, der im 18. Jahrhundert eine barocke Zwiebelhaube erhielt. Der Kirchenraum selbst zeigt einen kreuzförmigen Grundriss. Er ist ein Musterbau des seinerzeitigen Bestrebens der Baumeister, für den protestantischen Gottesdienst einen angemessenen architektonischen Rahmen zu schaffen. Die Grafen von Sayn hatten 1561 das lutherische Bekenntnis in ihrem Herrschaftsbereich eingeführt. Im 17. Jahrhundert fiel die Grafschaft an das verwandte Haus Sayn-Wittgenstein, das nun der reformierten Konfession angehörte. Die Daadener Kirche diente simultan beiden Gemeinden.

Die Kirchenwände sind einzig mit zarten Stuckornamenten verziert und zurückhaltend farbig gestaltet. Blickpunkt ist eine hoch aufragende Gruppe, gebildet aus Altar, Kanzel und Orgelprospekt, ihrerseits nun mit bunt gefassten korinthischen Säulen und reich vergoldeten Blumenranken geschmückt. Diese

Die Gruppe aus Altar, Kanzel und Orgel in der Pfarrkirche Daaden.

Die Bauform der „Querkirche“ zeigt sich ähnlich in dem jüngeren Beispiel der Pfarrkirche Bad Marienberg, erbaut 1818–1821 im Stil des Klassizismus. Hier steht auch der Kirchturm in der Mitte einer langen Seite des Gebäudes.

Altargruppe steht an der langen Seite des saalartigen Raumes, die Kirchenbänke sind im Rechteck aufgestellt darauf ausgerichtet, doppelte Emporen ziehen sich hufeisenförmig um den Raum. Welch ein Unterschied zum Prunk der etwa gleichalten barocken Kirchenräume im katholischen Süden des Westerwaldes, etwa in Hadamar (→ S. 100/101), mit leuchtenden Fresken, üppigem Stuckwerk und figurengeschmückten Altären!

Traditionell befand sich der Altar in den mittelalterlichen Kirchen im Chor, der im Osten an die Kirche angebaut war. Der Chor war dem Klerus vorbehalten, der hier am Altar das Messopfer zelebrierte. Die Gemeinde versammelte sich im Kirchenschiff, die Predigt wurde von der hier angeordneten Kanzel aus gehalten.

Das Gottesdienstverständnis Martin Luthers stellte Gebet, Verkündigung und Abendmahl in den Mittelpunkt; die Orgel unterstreicht die Bedeutung des gemeinsamen Kirchengesangs. Der Altar rückt als „Tisch des Herrn“ in den Gemeinderaum. Konsequenterweise wurde der Kirchenraum „quer“ eingerichtet, die Gemeindemitglieder im unteren Kirchenraum und auf den Emporen sollten von allen Seiten auf die Kanzel ausgerichtet sein. Die Kirche in Daaden bietet so 1200 Gläubigen einen Sitzplatz – das reichte auch noch für die Gemeinden des Umlandes.

10 Die unglückliche Fürstentochter
Der Druidenstein bei Kirchen

Als einen der nördlichen Ausläufer des Vulkanismus im Westerwald treffen wir zwischen Herkersdorf und Offhausen unweit von Kirchen an der Sieg in einer Höhenlage von über 400 Metern auf eine Basaltspitze, die hoch über den Wald aufragt.

Auf dieser Landmarke steht ein Kreuz; sie ist Höhepunkt eines Kreuzwegs, der von Herkersdorf heraufführt. Aber vermutlich hat diese geologische Besonderheit nicht nur das Augenmerk der christlichen Bevölkerung auf sich gezogen. Davon kündet der Name Druidenstein. An vielen Orten in Deutschland hat man auffallende Felsformationen mit den Kelten aus der Vorzeit in Verbindung gebracht und sieht sie als uralte Opferstätten. Kelten waren etwa seit 700 vor Christus aus dem Hunsrückraum bis in den Westerwald und in das Siegerland vorgestoßen, wo sie die Erzvorkommen ausbeuteten. Ringwälle als Reste von befestigten Plätzen wurden etwa am Petersberg gegenüber von Bonn oder am Malberg bei Montabaur ausgegraben.

Auch im Umland des rätselhaften Felsens Druidenstein kreisen Sagen. Hier habe sich ein keltisches Heiligtum befunden. Jungfrauen edler Geburt seien für die Opferhandlungen ausersehen worden; als Priesterinnen mussten sie der irdischen Liebe entsagen. In den örtlichen Erzählungen ist die Rede von Herke, einer keltischen Fürstentochter – der Name wird auch mit der griechischen Muttergöttin Hera oder der sagenhaften Frau Holle in Verbindung gebracht. Herke habe sich trotz des Verbots in einen jungen Fürstensohn verliebt und sei ihm gefolgt. Nach der Sage wurde das Liebespaar von den Häschern ergriffen, der Liebhaber erstochen, und Herke musste auf dem Opferplatz für ihr Vergehen mit dem Leben büßen. In Vollmondnächten oder um die Sommersonnenwende höre man am Druidenstein heute noch das nächtliche Wehklagen der unglücklichen Liebenden.

Lassen wir die Sagenwelt beiseite: Die Geologen interessiert am Druidenstein insbesondere die schöne Herausbildung von Basaltsäulen in „Meilerstellung“; das erinnert an die sauber gestapelten Buchenscheite eines Kohlenmeilers. Es handelt sich hier um die Spitze eines Vulkanschlots aus Basalt, der in der Tertiärzeit vor etwa 25 Millionen Jahren durch eine Spalte des devonischen Deckgebirges drang. Beim Erkalten haben sich die fünf- bis sechseckigen Säulen gebildet. Die Erosion hat das umgebende weichere Gestein weggewaschen, sodass der Basaltkern heute noch bis zu 20 Meter emporragt. Ein Steinbruch und Blitzschlag haben Höhe und Umfang des Schlotes deutlich reduziert. Seit 1869 steht der Druidenstein unter Naturschutz; heute gilt er als „Nationales Geotop“, als besondere geologische Sehenswürdigkeit. So ist er Ziel eines Wanderpfades, und vor einigen Jahren gab der bizarre Felsen sogar die Kulisse für Freiluft-Theateraufführungen ab.

Der Druidenstein bei Kirchen-Herkersdorf: ein erkalteter Vulkanschlot mit besonders schönen Basaltsäulen.

11 Schiefer für Dächer und Wände
Grube Assberg

Der nördliche Kreis Altenkirchen ist ein altes Bergbaugebiet, das Anteil am Siegener Revier hat. Die Bergwerke und Eisenhütten sind heute aufgelassen. Dem Interessierten bietet sich vielfach Gelegenheit, in Besucherbergwerken die Geschichte der einstigen Montanindustrie kennen zu lernen. Wir nutzen die Gelegenheit zu einer Tour in die Schiefergrube Assberg.

Das raue Klima auf den Höhen des Westerwaldes führte häufig dazu, dass die Menschen ihre Fachwerkhäuser vor allem auf der Wetterseite durch eine Verkleidung aus Schieferplatten schützten. Generell ist die Eindeckung der Hausdächer mit Schiefer ein architektonisches Kennzeichen des ganzen Rheinischen Schiefergebirges, wo sich Vorkommen von Dachschiefer – nomen est omen – in vielen Regionen finden: in der Eifel, im Bergischen Land, im Westerwald und darüber hinaus im hessischen Bergland und in Thüringen.

In den Schiefergruben werden die Schieferblöcke meist unter der Erde

Die Dachdeckerfamilie Thielmann aus Breitscheid am Ostrand des Westerwaldes zeigte 1980 auf einem Festwagen beim Umzug zur 750-Jahr-Feier des Ortes Werkzeuge und ein schiefergedecktes Dachmodell als Beispiel ihrer Tätigkeit.

Der Einstieg zum historischen Schieferbergwerk Assberg; Schautafeln führen in die Geschichte des Schieferabbaus und die Verarbeitungstechnik ein.

gebrochen und von den Bergleuten vorsichtig in etwa 5 Millimeter dicke Platten gespalten. Dachdecker richten die Platten entsprechend zu und nageln sie mit verzinkten Nägeln auf Lattenroste am Haus oder auf dem Dachgebälk; „Leyendecker" findet sich heute noch als Familienname.

In der „Kroppacher Schweiz" am Nistertal gab es früher, so wird uns berichtet, etwa 20 Dachschiefergruben. Das Bergwerk Assberg war die größte von ihnen. Es gehörte zum nahen Kloster Marienstatt, und mit dem hier gewonnenen Schiefer wurden die Dächer der Klostergebäude und das Dach des barocken Schlosses Hachenburg eingedeckt.

Die Grube am Assberg in der Nähe von Limbach besteht aus dem alten Tagebau am steilen Hang des Nistertals. Daneben gab es aber noch eine unterirdische Abbaustätte. Man wusste seit Langem davon – aber der Eingang war unter den Abraumhalden nicht zu finden. 1981 begann die Ortsgemeinde in Zusammenarbeit mit dem Bergamt Koblenz und dem geologischen Institut der Universität Mainz nach dem Stollen zu suchen. 1997 war es endlich so weit. In vielen ehrenamtlichen Arbeitsstunden wurde der Zugang zum Stollen freigelegt und für Besucher ausgebaut. Die Abbaustelle führt in einen 20 Meter tiefen Schacht im schwarzen Fels. Von hier aus wurden die Schieferblöcke über Leitern und Haspeln zur weiteren Verarbeitung an die Oberfläche gebracht. Wer gut zu Fuß ist, kann auf Metallstufen hinabsteigen und sich inmitten triefender Felswände in die Rolle eines früheren Bergmanns versetzen.

12 „Mach dich im Glauben auf"
Wallfahrtsort Marienstatt

Am Anfang steht eine Legende: Mönche, die nach einem geeigneten Ort für eine Klostergründung zu Ehren Mariens suchten, fanden im Winter am Ufer des Flüsschens Nister einen blühenden Weißdornstrauch. Im Garten der Abtei wird heute noch ein Ableger dieses Strauches gezeigt.

Die Wirklichkeit sah wohl prosaischer aus. Der Zisterzienserorden wollte von seinem Kloster Heisterbach im Siebengebirge aus ein neues Kloster im Hohen Westerwald gründen. Ein adeliges Stifterpaar schenkte dem Kloster zur Förderung seines Seelenheils ein Grundstück bei Kirburg, und 1212 begann man mit dem Bau. Die Gründung stand aber unter einem Unstern, die Mönche brachten ihre Landwirtschaft in dem rauen Klima nicht hoch. Schon wollten sie in das freundlichere Siebengebirge zurückkehren, da fand der Orden im Grafen von Sayn einen neuen Stifter, der ihm im ruhigen Wiesental der Großen Nister bei Hachenburg reichen Grundbesitz übertrug.

1221 erhielt der Orden die Genehmigung des Kölner Erzbischofs, eine Kirche und die Klostergebäude zu errichten. 1227 konnten die Mönche einziehen. Die Abteikirche entstand in drei Bauphasen bis zum 13. Jahrhundert: zuerst der Chor mit dem Hauptaltar, dann das Querhaus mit dem Chorgestühl für die Mönche, schließlich das Langhaus, in dem sich die Gläubigen und Pilger versammelten. Der Bau ist eines der frühesten Beispiele des gotischen Baustils in Deutschland. Spitzbögen lösen den romanischen Rundbogen ab, das Tonnengewölbe wird ersetzt durch das hoch aufstrebende Rippengewölbe, große Fenster treten an die Stelle der lastenden Schwere der Wandflächen. Konstruktiv wird der Druck des Gewölbes durch Strebepfeiler an der Außenseite des Baus abgefangen. Die Zisterzienser verzichten wie die Bettelorden auf Kirchtürme: Eine Glocke im Dachreiter über der Vierung ruft zum Gebet.

Schlichtheit kennzeichnet auch das Innere des Baus. Im Blickpunkt steht der Chorraum mit dem Hauptaltar, den ein bedeutendes Schnitzwerk der Kölner Schule ziert: der dreiflügelige Ursula-Altar aus der Mitte des 14. Jahrhunderts. In einer Seitenkapelle ist eine Muttergottesfigur aufgestellt, die das Ziel der Wallfahrer ist.

Die Abtei Marienstatt hat im Lauf der Jahrhunderte schwere Zeiten durchleben müssen. Die Reformation bedrohte ihre Existenz, der Dreißigjährige Krieg und immer wieder durchziehende Soldateska brachten Plünderungen und Zerstörungen. Erst in der Mitte des 18. Jahrhunderts erlebten die ruinierten Anlagen einen Neubeginn im barocken Stil, der das heutige Erscheinungsbild bestimmt; auch die Kirche wurde innen neu ausgestaltet (→ S. 102/103).

In der Säkularisation 1803 wurde das Kloster aufgelöst. Die Gebäude fanden Verwendung als Fabrik für Eisenwaren, als Verwaltungssitz für Bergwerke und als Erziehungsanstalt – das schirmte sie wenigstens vor einem Abriss. Erst 1888 konnten wieder Zisterziensermönche in die Abtei einziehen. Verschiedene Renovierungsarbeiten näherten die Abteikirche wieder an ihren ursprünglichen Zustand an.

Auch heute noch beherbergt die Abtei eine lebendige Mönchsgemeinde. Sie ist Sitz eines privaten Gymnasiums. Für die Pilger stehen Läden und Gästehäuser zur Verfügung, ein Bräustüberl serviert den zahlreichen Besuchern selbstgebrautes Bier.

Blick von Westen auf Abtei und Klosteranlage Marienstatt. Die turmlose Kirche zeigt die Bauformen der Gotik, die Konventgebäude stammen aus der Barockzeit.

13 Residenz der Sayner Grafen
Hachenburg

Hinter Altenkirchen Richtung Hoher Westerwald erscheint bald ein Stadtbild auf einer Anhöhe, bekrönt von einem eindrucksvollen Schlossbau. Die Sayner Grafen (→ S. 66/67) haben diese Anhöhe über dem Tal der Großen Nister gewählt, um eine Burg zu errichten, nahe einer Raststation an der wichtigen Handelsstraße von Köln über Altenkirchen nach Leipzig. Die ummauerte Stadt entwickelte sich dann im 13. Jahrhundert vor der Burgmauer um einen rechteckigen Marktplatz.

Ab 1245 machten die Grafen von Sayn Hachenburg zu ihrer Residenz; das blieb sie bis 1799. Das Grafenhaus spaltete sich bald in verschiedene Familienzweige auf. 1636 wurde der Westerwälder Besitz geteilt in die Linien Sayn-Altenkirchen (→ S. 40/41) und Sayn-Hachenburg. Beide Grafschaften lösten sich nach dem Dreißigjährigen Krieg aus der Lehenshoheit des Erzstifts Köln und wurden reichsunabhängig.

Auch die Stadt Hachenburg blieb von Plünderungen und wiederholten Stadtbränden nicht verschont. Das heutige Zentrum mit malerischen Fachwerkhäusern und barocken Kirchen geht auf den Wiederaufbau im 18. Jahrhundert zurück. Reichsgraf Georg Friedrich zu Sayn-Hachenburg ließ zwischen 1719 und 1746 auf den Ruinen des mittelalterlichen Schlosses eine neue Residenz im Barockstil errichten. Baumeister war der nassauische Hofarchitekt Julius Ludwig Rothweil (um 1676 bis 1750, → S. 60/61, S. 108/109). Vom Schloss führt ein überdachter Bogengang zur evangelischen Stadtkirche – direkter Zugang für den Schlossherrn. Die Sayner Grafen schlossen sich 1560 der Reformation an, trotzdem blieb die Stadt weiterhin konfessionell gemischt: Protestanten, Reformierte und Katholiken lebten nebeneinander. Ein Graf rief 1638 die Franziskaner nach Hachenburg; ihre Klosterkirche am Markt wurde zur katholischen Pfarrkirche, die nach 1734 eine prachtvolle Barockausstattung erhielt.

Der Bombenkrieg verschonte Hachenburg, das sich so heute als Muster einer kleinen barocken Residenz präsentieren kann. Das Schloss diente nach dem Ende der Residenzzeit ganz unterschiedlichen Zwecken. Nach dem Zweiten Weltkrieg verfiel es zusehends, bis es in den 70er-Jahren zu einem Hotel und zu Wohnungen umgebaut werden sollte. 1974 erwarb die Bundesbank den ganzen Komplex, renovierte ihn vorbildlich und richtete dort ihre Hochschule ein – das kleine Hachenburg kann sich so mit dem Ehrentitel „Hochschulstadt" schmücken. Mit dem Fürstentum Nassau fiel Hachenburg 1866 an Preußen. 1946 wurde die Stadt dem neuen Bundesland Rheinland-Pfalz zugeschlagen, in dem sie heute als lebendiges Mittelzentrum im Westerwaldkreis fungiert.

Den Marktbrunnen von Hachenburg ziert der doppelschweifige Sayn'sche Löwe.

14 Kulturgeschichte konzentriert
Westerwaldmuseum Hachenburg

Was wäre eine Landschaft ohne ihr „kulturelles Gedächtnis"? Als solches versteht sich das Landschaftsmuseum Westerwald in Hachenburg. Rund um ein barockes Gärtnerhaus im einstigen Schlosspark ist hier ein kleines Fachwerkdorf entstanden, das lebendig die Vergangenheit der Region vom 18. bis zum frühen 20. Jahrhundert veranschaulicht.

Der Hachenburger Graf Alexander von Sayn-Wittgenstein stellte seit dem Ende des 19. Jahrhunderts seine heimatkundlichen Sammlungen im Schloss aus, das damals schon vornehmlich von verschiedenen Verwaltungen genutzt wurde. In den Wirren des Zweiten Weltkriegs und beim Verkauf und Umbau des Schlosses in den 1970er-Jahren ging ein großer Teil des Museumsbestandes verloren.

Erst 1976 konnte im ehemaligen Hofgärtnerhaus auf Initiative des Westerwaldvereins das Landschaftsmuseum Westerwald eingerichtet werden, in dem das gerettete Gut der Heimatmuseen aus Hachenburg, Montabaur und Altenkirchen nebst privaten Sammlungen präsentiert wurde. Nach und nach entwickelte sich im angrenzenden Park ein kleines Dorf, in dem Fachwerkhäuser aus verschiedenen Regionen des Westerwalds, die man vor dem Verfall retten konnte, wieder aufgebaut wurden. Sie bieten den malerischen Rahmen für Präsentationen, die das Leben der Bauern und Handwerker des Westerwalds nachvollziehen lassen. Da gibt es kaum ein Gewerbe, das nicht mit kennzeichnenden Arbeitsgeräten und lebendigen Werkstattbildern vorgestellt würde.

Man betritt das Museum durch ein Bauernhaus von 1723 aus Norken. Im Erdgeschoss wurden der Kassenbereich und ein Museumsladen untergebracht, im Obergeschoss führt eine neu konzipierte Dauerausstellung ausgehend von der jüngsten Vergangenheit in die Geschichte des Lebensraumes Westerwald ein. Dazu zählen „typische" Souvenirs genauso wie ein wieder aufgetauchter Wolf oder der Überblick über die Bodenschätze und ihre Verarbeitung.

Dermaßen vorbereitet blicken die Besucher in das kleine einklassige Schulhaus, das 1809 in der Gemeinde Obermörsbach eingerichtet wurde und in dem ein stilgerechtes Klassenzimmer des 19. Jahrhunderts zu sehen ist. Der Lehrer hatte seine Wohnung gleich oben unterm Dach. Oder sie wenden sich zur Linken einer Ölmühle von 1750 zu, die das aus riesigen Holzzahnrädern gefertigte Mahlwerk zeigt. Gleich daneben steht ein „Backes", von dem sich in manchen Westerwald-Dörfern noch Beispiele erhalten haben, die heute bei Dorffesten zum gemeinsamen Brotbacken angeheizt werden.

Jüngste Erwerbung des Landschaftsmuseums ist die Rekonstruktion eines „Kleinhauses" aus dem Jahr 1893, das die Lebensverhältnisse der verarmten Kleinbauern des 19. Jahrhunderts veranschaulicht. Im Keller ist der Kuhstall eingerichtet, der für ein bis zwei Milch-

Im Museum wurde die Dorfschule von Obermörsbach, einer kleinen Gemeinde im Norden von Hachenburg, wieder eingerichtet. Sie wurde 1809 gebaut; in dem einzigen Schulraum unterrichtete der Lehrer alle Kindes des Dorfes.

kühe ausgereicht haben mag, daneben eine Waschküche und eine Vorratskammer. In den Wohnräumen darüber kommen mit umfangreichen Spielzeugsammlungen vor allem Kinder auf ihre Kosten. Eine mit Schilf gedeckte Scheune aus dem Jahr 1680, ältestes Gebäude im Museumsdorf, präsentiert in der großen Tenne bäuerliche Fahrzeuge und Gerätschaften. In einem früheren Mühlenhaus von 1705 aus Frickhofen sind Wohnräume aus verschiedenen Zeiten eingerichtet. Das Fachwerk ist rot angestrichen, wie es vor allem im südlichen Westerwald der Brauch ist. Die Gefache sind weiß verputzt und mit Ornamenten im Kratzputz verziert – das konnten sich nur wohlhabendere Besitzer leisten.

Den Abschluss des Rundganges bildet das Hofgarten-Haus von 1720. Das Erdgeschoss ist Sonderausstellungen und der Museumspädagogik vorbehalten, darüber sind die reichhaltige Bibliothek, das Bildarchiv und die Verwaltung untergebracht.

Höhepunkte für ganze Familien sind die Museumsfeste und Aktionstage, in denen Brauchtum und gewerbliche Tätigkeiten spielerisch erfahrbar werden. Ein „lebendiges Museum“ zu sein, ist das Anliegen des Landschaftsmuseums.

15 Wirtschaftsfaktor Basalt
Stöffel-Park Enspel

Wer vor 150 Jahren im Westerwald das Wortspiel gebrauchte, dass dort in einer steinreichen Gegend bitterarme Menschen lebten, hatte so unrecht nicht. In der Tat trug der Abbau von Steinen wesentlich zum Lebensunterhalt vieler Menschen bei.

Steinbrüche lieferten mit der Grauwacke des Schiefergebirges aus der Devonzeit nicht nur den Baustein für Häuser, Burgen und Brücken. Mit Schieferplatten wurden die Häuser gedeckt und außen gegen die Witterungseinflüsse isoliert (→ S. 28/29).

Seit der Tertiärzeit vor etwa 30 bis 20 Millionen Jahren hat sich das einstige Tiefland allmählich aufgefaltet. In Spalten und Klüften konnte Magma aus den Tiefen der Erde nach oben steigen und brach in zahlreichen Vulkanen an die Oberfläche durch. Flüssige Lava erstarrte zu Gestein, dicke Ascheschichten wurden im Lauf der Zeit zu Tuffgestein verbacken oder blieben als Schlacken an der Oberfläche. Schon die Römer schätzten hellen Trachyt vom Drachenfels oder zu Säulen erstarrten Basalt als Baustoff. Zunächst wurden die Steinbrüche am Rande des Rheintals bedeutsam – per Schiff konnte das schwere Baumaterial günstig zu den Römerstädten am Niederrhein transportiert werden. Wehrmauern der mittelalterlichen Städte entstanden aus dem widerstandsfähigen Basalt.

Im 19. Jahrhundert dehnten sich die Basaltbrüche immer weiter in das Hinterland aus. Steinblöcke wurden per Pferdekarren ans Rheinufer transportiert. Nach der Jahrhundertmitte setzten sich allmählich Kleinbahnen als Transportmittel durch. Nachfrage insbesondere nach den leicht zu bearbeitenden Basaltsäulen brachten die Rheinregulierung und der Ausbau von Dämmen in den

Noch vor wenigen Jahren ratterten auf der ausgedehnten Anlage auf dem Stöffel die riesigen Maschinen zum Zerkleinern und für den Transport der Basaltsteine …

Niederlanden. Straßen wurden mit Basalt-Kleinpflaster befestigt. „Steinschläger“ stellten in mühsamer Handarbeit diese Pflastersteine her – in den Notzeiten der Jahrhundertmitte konnten sich viele Männer, die sich oft als Wanderarbeiter durchschlagen mussten, in den Steinbrüchen verdingen.

Der Aufschwung des Eisenbahnwesens in der zweiten Hälfte des 19. Jahrhunderts ließ nun vor allem die Nachfrage nach Schotter für den Schienenunterbau ansteigen. Zugleich wurde die Eisenbahn, die nach 1870 zunehmend auch den Westerwald erschloss, durch das Angebot günstiger Transportpreise zur Voraussetzung für die Anlage großer Brüche und Industriebetriebe.

Ein Musterbeispiel dafür liefert die Industrieanlage auf dem Stöffel bei Enspel. 1885 wurde die Bahnstrecke von Westerburg nach Hachenburg eröffnet. 1902 eröffnete eine Firma einen Basaltbruch, der mit einer Verladestelle in Enspel einen Eisenbahnanschluss bekam. Eine große Brecheranlage lieferte Schotter, Splitt und Sand für den Eisenbahn-, Straßen- und Wasserbau. Auf dem Stöffel entstand der mit 140 Hektar größte Steinbruch des Westerwalds. Die gewaltige Anlage produzierte bis zum Jahr 2000 und wurde dann zu einem attraktiven Industriemuseum und Erlebnisraum für die ganze Familie umgestaltet. Riesige Maschinen veranschaulichen die eingesetzte Technik, moderne Medienpräsentationen lassen die schwere Arbeit der Steinschläger nacherleben, Schaubilder und Originale führen in die Geologie des Ortes ein.

16 Fische für die Grafschaft
Westerwälder Seenplatte

Da folgt man von der Autobahn auf der B 8 dem Wegweiser „Westerwälder Seenplatte". Zunächst mal landet man auf keiner „Platte", sondern in sanftem Hügelland, und dann liegen die Seen auch nicht irgendwo unten im Tal, sondern auf der Höhe …

Die Erklärung: Die kleinen Seen wurden vor langer Zeit von Menschenhand angelegt. Die wellige Hochfläche in etwa 400 Metern Meereshöhe gehörte zum Regierungsgebiet des Grafen Friedrich von Wied (1634–1689), der uns als Gründer der Stadt Neuwied wieder begegnet (→ S. 60/61). Auf dem welligen Gelände dehnten sich Sumpfwiesen aus, in denen Klöster der Nachbarschaft schon im 12. Jahrhundert für ihren eigenen Bedarf Fischteiche angelegt hatten. Graf Friedrich ging es darum, die Wirtschaft in seinem vom Dreißigjährigen Krieg ausgelaugten Gebiet wieder anzukurbeln. Er ließ die Bäche im Quellgebiet des Flüsschens Wied durch Dämme aufstauen. So entstanden die sieben unterschiedlich großen Teiche mit einer Oberfläche von 10 bis zu 120 Hektar, die durch Ablaufkanäle miteinander verbunden sind. Die Teiche dienten der Fischzucht. Jährlich im Oktober wurde das Wasser zum Abfischen abgelassen – das war ein großes Fest im Jahresablauf der umliegenden Dörfer und zog zahlreiche Besucher an. Der Ort Dreifelden am größten der Weiher führt heute noch einen Fisch in seinem Wappen.

Fürstliche Verwalter und Weiherknechte besorgten die Weiherwirtschaft und hielten Abflüsse und Dämme instand. In der neueren Zeit wurde die Fischzucht von den Fürsten von Wied an professionelle Unternehmen verpachtet. Wegen der für die Anzucht der Jungfische ungünstigen Höhenlage der Teiche setzten die Unternehmen im Frühjahr schon widerstandsfähige Setzlinge hauptsächlich von Karpfen und Schleien aus, die dann im Lauf von zwei Jahren zu verkaufsfähigen Fischen heranwuchsen. Weil das natürliche Nahrungsangebot in den flachen Gewässern nicht ausreichte, wurden die Fische regelmäßig mit Getreide gefüttert. Infolge des starken Fischbesatzes und der Überdüngung kam es in den seichten Teichen dann im Sommer gelegentlich zur Algenblüte, die Gewässer drohten zu kippen. Zudem brachte die Fischzucht in den letzten Jahren nicht mehr ausreichenden Ertrag, Unterhaltungsmaßnahmen an Deichen und Ablässen unterblieben.

2019 verkaufte das Fürstliche Haus alle sieben Weiher an eine Stiftung des Vereins Naturschutzbund Deutschland (NABU), mit Unterstützung der rheinland-pfälzischen Landesregierung und von privaten Spendern. Die Seenplatte wurde unter Naturschutz gestellt, die gewerbliche Fischzucht eingestellt.

Die Seen im Westerwald haben eine große Bedeutung für Tiere und Pflanzen. In den flachen Teichen finden Wasservögel ideale Lebensbedingungen, Zugvögeln dienen sie als Rastplätze. Die Uferstreifen sind von breiten Schilfgürteln umgeben, in denen Wasserrallen und Teichrohrsänger

Blick vom alleebestandenen Damm auf den Brinkenweiher der Westerwälder Seenplatte.

brüten, Schlammflächen bieten Rückzugsgebiete für seltene Sumpfpflanzen.

Aber auch die Menschen suchen die Westerwälder Seenplatte zur Erholung auf. Ein Netz von Wanderwegen und Fahrradpisten zieht sich durch das Gelände, in den umliegenden Orten leben viele Unternehmen vom Tourismus. Abgegrenzte Badestrände sind am Dreifelder Weiher und am Postweiher eingerichtet, ein großer Campingplatz in Freilingen zieht die Sommerurlauber an.

Die Erhaltung des Naturraumes „Westerwälder Seenplatte" und eine behutsame Steuerung der touristischen Nutzung ist eine Aufgabe, die vom NABU in enger Zusammenarbeit mit dem Land Rheinland-Pfalz und den anliegenden Gemeinden in Angriff genommen wird. Deiche und Schleusen müssen unterhalten werden, das Wegenetz wird schonend ausgebaut, die Universität Koblenz-Landau bemüht sich um die Bestandsaufnahme seltener Pflanzen- und Tierarten. Fotografen freuen sich über die vielfachen Gelegenheiten zur Beobachtung der Wasservögel oder über Aufnahmen von Pflanzenarten, die vom Aussterben bedroht sind.

17 Späte Ehrung
Bismarckturm Altenkirchen

Otto von Bismarck, der „Eiserne Kanzler", verstarb 1898. Allenthalben in Deutschland begann man spontan, in der Begeisterung über das wiedererstandene Kaiserreich seinem Begründer Denkmäler zu errichten. So auch in Altenkirchen. Als der Bismarckturm endlich 1922 eingeweiht werden konnte, war das Werk des Reichskanzlers freilich gerade zugrunde gegangen …

Die Kreisstadt Altenkirchen sieht sich als „das nördliche Tor zum Westerwald". Der Ort blickt auf eine lange Geschichte zurück: 1298 fiel er an die Grafschaft Sayn (→ S. 66/67) und bekam schon 1314 die Stadtrechte verliehen. Heute noch ziert der Sayn'sche Löwe das Stadtwappen. Nach turbulenten Jahren um die Wende vom 18. zum 19. Jahrhundert kam Altenkirchen 1816 zur preußischen Rheinprovinz, die dort eine Kreisverwaltung einrichtete. Das Königreich kümmerte sich um die Verbesserung der Verkehrsverhältnisse und ließ 1822 die alte Köln–Frankfurter Straße zur Chaussee ausbauen, 1850 folgte der Abzweig der Leipziger Straße Richtung Hachenburg, ab 1884 wurde die Stadt an das Eisenbahnnetz angeschlossen.

In der Rheinprovinz schlug sich die nationale Begeisterung nach der Gründung des Deutschen Kaiserreiches in der Errichtung eines monumentalen Reiterdenkmals für Kaiser Wilhelm I. am „Deutschen Eck" in Koblenz nieder. Das nationalliberale Bürgertum richtete sein Interesse eher auf Reichskanzler Fürst Bismarck, den man mit seiner kompromisslosen Politik als den „eigentlichen" Reichsgründer betrachtete. 1898 rief die Deutsche Burschenschaft dazu auf, „auf allen Höhen unserer Heimat … granitene Feuerträger zu errichten", als Fanal der Einheit Deutschlands. Einen Ideenwettbewerb gewann der junge Architekt Wilhelm Kreis aus Dresden; mit seinem Entwurf gab er die Richtung vor für an die 200 Bismarcktürme, die allenthalben im Kaiserreich errichtet wurden.

1901 vollendete Bonn seinen „Bismarckturm" am Rheinufer in der Gronau, eine 13 Meter hohe Säule mit einer Feuerschale obenauf. Rengsdorf im benachbarten Kreis Neuwied orientierte sich am Bonner Vorbild und weihte 1903 seine Bismarcksäule mit einem Blick auf das nahe Rheintal ein. Konnte Altenkirchen da nachstehen? Die Idee kam 1909 im Westerwaldverein auf; im Jahr darauf taten sich zehn örtliche Vereine zusammen und gründete einen Bismarckturm-Bauverein. Spenden kamen schnell zusammen, Aufrufe an die Bevölkerung brachten neue Beiträge. Am 1. April 1914 wurde auf dem Johannisberg in 282 Metern Meereshöhe der Grundstein gelegt.

Der Altenkirchener Verein entschied sich für eine Bismarck-Gedenkstätte in Form eines Aussichtsturmes mit Blick auf den Westerwald. Der ortsansässige Bauunternehmer Jakob Becker entwarf einen Turm mit einer Aussichtsplattform in etwa 12 Metern Höhe. Einziger Schmuck

Der Bismarckturm „Auf dem Dorn“ oberhalb von Altenkirchen. Der architektonische Zierrat aus Basalt-Werkstein hebt sich vom Turmbau im örtlichen Bruchstein, der Grauwacke, ab. Eine Treppe führt im Innern zur Aussichtsplattform. Obenauf ist eine Feuerschale angebracht.

ist ein Bronzerelief Bismarcks über der Eingangstür zum Turm auf der Ostseite.

Am 1. September 1914 war der Turm im Rohbau fertig, das weithin sichtbare Feuer konnte erstmals entzündet werden. Die Eröffnungsfeier war auf den 1. April 1915 terminiert – dazu kam es aber nicht, da sich das Kaiserreich seit dem 1. August 1914 im Kriegszustand befand: Der Erste Weltkrieg war ausgebrochen. Man musste mit der offiziellen Einweihung bis zum Mai 1922 warten …

Heute kümmert sich ein Förderverein um den Erhalt des Turmes. Er wurde gründlich restauriert und wird heute jährlich im Juni im Rahmen eines Festes befeuert. An Weihnachten trägt er einen leuchtenden „Herrnhuter Stern“.

Den Bombenkrieg hat der Turm unbeschadet überstanden. Die Stadt Altenkirchen hatte nicht dieses Glück. Stadtbrände hatten schon im 18. und noch am Ende des 19. Jahrhunderts das alte Stadtbild vernichtet, vom Sayn'schen Residenzschloss blieb keine Spur. Nach den Kriegszerstörungen präsentiert sich Altenkirchen heute als modernes und aktives Mittelzentrum im nördlichen Rheinland-Pfalz.

18 „Einer für alle, alle für einen“ Im „Raiffeisen-Land“

Von Neuwied am Rhein führt die „Raiffeisen-Straße“ durch Flammersfeld und Weyerbusch bis nach Hamm an der Sieg. Die Straße verbindet die Wirkungsstätten von Friedrich Wilhelm Raiffeisen, einem preußischen Beamten, der als Sozialreformer in die Geschichte einging. Sein Name ist verbunden mit der genossenschaftlichen „Raiffeisenbewegung“.

Friedrich Wilhelm Raiffeisen kam 1818 in einer kinderreichen Familie in Hamm an der Sieg zur Welt. Der Vater erkrankte früh, sodass sich die von ihrem tiefen protestantischen Glauben geprägte Mutter allein um die Kindererziehung kümmern musste. Das Geld reichte nicht für eine höhere Schulbildung; der Pfarrer nahm sich des begabten Knaben an.

Mit 17 Jahren trat Friedrich Wilhelm in die preußische Armee ein und absolvierte in Köln eine Offiziersausbildung. 1840 bestand er im Koblenz die Unteroffiziersprüfung und wurde Inspekteur in der Sayn'schen Eisenhütte (→ S. 68/69), die das preußische Militär belieferte. Wegen eines chronischen Augenleidens musste Raiffeisen 1843 den Militärdienst quittieren. Der Staat verschaffte dem engagierten jungen Mann eine Stelle in der Provinzverwaltung. Im Januar 1845 wurde er im Dorf Weyerbusch im Kreis Altenkirchen als Bürgermeister eingesetzt – damals die unterste Stufe der Staatsverwaltung.

Eine besondere Herausforderung stellte die große Hungersnot in der zweiten Hälfte der 40er-Jahre dar, die mit Missernten die Kleinbauern im Westerwald besonders hart traf; es fehlte an Brotgetreide, die Kartoffeln verfaulten. Raiffeisen gründete in Weyerbusch einen „Brotverein“: Besser gestellte Gemeindemitglieder spendeten Ersparnisse, mit denen Getreide beschafft und ein Dorfbackhaus errichtet werden konnte. Die mittellosen Bauern erhielten Brot und Saatgut gegen Schuldscheine, die sie nach der nächsten Ernte beim Verein einlösen konnten. Um den Bauern in der unwegsamen Gegend neue Absatzmärkte im Rheintal zu öffnen, setzte sich der Bürgermeister vehement für den Ausbau der heute nach ihm benannten Straße ein.

1848 wurde Raiffeisen nach Flammersfeld versetzt, einer deutlich größeren Gemeinde. Auch hier gründete er wieder einen „Hilfsverein zur Unterstützung unbemittelter Landwirte“. Der Verein nahm Kredite auf, für die alle Mitglieder bürgten; die Mitglieder konnten in dem Verein Geld ansparen und erhielten bei Bedarf Kredite zu günstigen Konditionen. Das war der Beginn des Genossenschaftsgedankens. Triebkraft für Raiffeisen war die christliche Brüderlichkeit; er wollte jedoch keine Almosen an Bedürftige geben, sondern Hilfe zur Selbsthilfe leisten. Die Mitarbeit im Verein war prinzipiell ehrenamtlich, Gewinne wurden nicht verteilt, sondern zur Bestreitung der Kosten verwendet. Es galt der Grundsatz „Einer für alle, alle für einen“.

1852 wurde Raiffeisen Bürgermeister von Heddesdorf unweit von Neu-

Raiffeisen-Denkmal in Weyerbusch: Der Bürgermeister teilt an Kinder Brot aus, das im gemeindlichen Backhaus – dem Fachwerkbau im Hintergrund – gebacken wurde.

wied. Hier gab es eine Eisenhütte und die ersten Fabriken. Die Arbeiter hatten als Nebenerwerb meist eine kleine Landwirtschaft. Um sie vor Überschuldung zu bewahren, gründete Raiffeisen hier den „Heddesdorfer Wohltätigkeitsverein". Anfang der 60er-Jahre wurden Raiffeisens Vereine zu Darlehenskassen und Einkaufsorganisationen im Sinne der modernen „Raiffeisen-Genossenschaften".

Raiffeisen musste sich wegen seiner angegriffenen Gesundheit – die Erblindung drohte – 1865 schon mit 47 Jahren pensionieren lassen. Nun schrieb er ein Buch, das ihm große Popularität verschaffte, und setzte sich allenthalben für die Gründung von Genossenschaften ein. Dabei wurde er von seiner Tochter Amalie unterstützt, von der er selbstlose Hingabe und den Verzicht auf eine Ehe forderte.

Die Raiffeisen-Genossenschaften erhielten kräftigen Zuwachs, um 1880 gab es schon an die 400 Darlehensvereine in Deutschland. Die Idee verbreitete sich auch im Ausland, in Italien, der Schweiz und Österreich. In der Politik trat als Gegenspieler Raiffeisens der Liberale Hermann Schulze-Delitzsch auf, der ebenfalls Genossenschaften förderte, aber ohne christliche Begründung.

Friedrich Wilhelm Raiffeisen verstarb 1888 in Neuwied-Heddesdorf. Sein Andenken bewahren Museen in Hamm, in Flammersfeld und in Neuwied.

19 Die Revolution aufhalten?
Schlacht bei Kircheib

Wer über die grünen Anhöhen des Niederwesterwalds fährt, durch Waldstücke und durch die von Wiesenland umgebenen Dörfer, kommt nicht auf die Idee, dass die friedliche Gegend in der Zeit der Französischen Revolution zum Schauplatz von Feldschlachten werden konnte.

Schuld daran war die alte Handelsstraße, die von Köln über die Höhenzüge Richtung Frankfurt führte. Die Volksheere des revolutionären Frankreich hatten 1794 die Gebiete am linken Rheinufer erobert. Die geistlichen Kurfürsten von Köln und Trier waren ins Innere des Reichsgebietes geflohen, in Aachen, Köln und Koblenz regierten Kommissare nach den Grundsätzen des französischen Rechts. Preußen, das in Polen freie Hand haben wollte, schloss im Frühjahr 1795 einen Sonderfrieden mit Frankreich, das den Krieg nun gegen den Kaiser in Wien weiterführte.

Auf dem Denkmal ist ein Plan der gegnerischen Stellungen angebracht: links die Franzosen, rechts die Österreicher; durch Uckerath und Kircheib führt die Handelsstraße über den Westerwald – die heutige B 8. Hinweis: der Pfeil auf der ehernen Kartenskizze weist nicht nach Norden, eher nach Osten!

Das Denkmal zur Erinnerung an die Schlacht, zum Gedenken an die tausenden gefallenen Soldaten und die Leiden der Zivilbevölkerung.

1796 versuchten die Franzosen, die kaiserlichen Truppen durch Zangenangriffe über Norditalien gen Wien und vom Niederrhein aus über das Maingebiet niederzuwerfen. General Kleber rückte von Düsseldorf aus über die Sieg vor. Bei Altenkirchen besiegte er am 4. Juni die kaiserlichen Truppen unter der Führung von Erzherzog Karl von Österreich. Sie mussten sich zunächst hinter die Lahn zurückziehen. Bei Wetzlar gelang am 15. Juni ihr Gegenangriff: Die Franzosen wichen nach Norden zurück.

Auf den Höhen bei Uckerath hatten sie ein gut befestigtes Feldlager errichtet. Die österreichischen Truppen griffen es am 19. Juni an. Zwischen Uckerath und Kircheib tobte die Schlacht. 1500 Franzosen und 400 Österreicher ließen ihr Leben. Nicht zu vergessen sind die Leiden der Bevölkerung, die für den Unterhalt der Heere im Felde weitgehend aufzukommen hatten. Die Franzosen verlangten im Feindesland hohe Kontributionen von den Städten und Dörfern, die umgekehrt auch die Einquartierung der Reichstruppen zu bestreiten hatten.

Die „Koalitionskriege" gegen die Französische Republik endeten mit dem Zusammenbruch des alten Deutschen Reiches und den Niederlagen Preußens und Österreichs gegen Napoleon.

In den Waldgebieten finden sich noch Spuren der Verschanzungen, Bauern förderten beim Pflügen Waffenreste und Kanonenkugeln zutage. Zur Erinnerung an die historischen Ereignisse ließ die Gemeinde Buchholz auf dem Höhenrücken beim Ortsteil Griesenbach ein Denkmal aus heimischen Basaltsäulen errichten.

20 Das „Tor zum Westerwald"
Autobahn A 3

Mit der Autobahn A 3 durchquert eine europäische Verkehrsachse die Höhen des Westerwalds zwischen Siegburg und Limburg. Letztlich geht sie auf einen uralten Straßenzug zwischen Köln und Frankfurt zurück, in der Verlängerung eine Handelsverbindung zwischen dem Niederrhein und dem Donauraum.

Die historische „Hohe Straße" stieg hinter Hennef auf den Niederwesterwald hinauf: Über die Bergrücken boten sich bessere Wegeverhältnisse als in den meist sumpfigen Tälern. Die heutige Bundesstraße 8 verläuft weitgehend auf dieser Strecke. Erst im 18. Jahrhundert begann man, die unbefestigten Wege zu aufgeschotterten „Chausseen" auszubauen (→ S. 86/87). Das reichte im 19. Jahrhundert noch für Fuhrwerke und Kutschen, jedoch nicht mehr für die modernen Kraftwagen, die sich dann in den ersten Jahrzehnten des 20. Jahrhunderts verbreiteten. So entstanden Pläne, schnelle Fernverkehrsstraßen nur für Kraftfahrzeuge zu errichten. Vorreiter waren die USA und Italien; in Deutschland gründete man 1926 den Verein „HaFraBa", der sich zum Ziel setzte, eine Autostraße quer durch Deutschland von Hamburg über Frankfurt nach Basel zu bauen. Freilich zeigten die Kommunen, die für Straßenplanung zuständig waren, wenig Interesse an teuren Schnellstraßen für die noch wenigen privaten Kraftwagen; für eine Finanzierung wollte man auf ein Mautsystem zurückgreifen.

Konrad Adenauer, der rührige Kölner Oberbürgermeister, setzte sich für den Bau einer kreuzungsfreien vierspurigen Kraftfahrzeugstraße zwischen Köln und Bonn ein. Die wurde im Rahmen der Arbeitsbeschaffungsmaßnahmen mit öffentlichen Mitteln ohne den Einsatz von Großgeräten gebaut und konnte im August 1932 eingeweiht werden. „Arbeitsbeschaffung" – das war ein zündendes Schlagwort in der wirtschaftlichen Notzeit.

Als im Jahr 1933 die Nationalsozialisten an die Macht kamen, machten sie sich die Idee der „Autobahnen" zu eigen und nutzten sie als wirksames Propagandamittel für den „Anbruch einer neuen Zeit". Adolf Hitler sprach nun von den „Straßen des Führers". Die bis dahin erfolglose HaFraBa wurde in eine neue Gesellschaft „Reichsautobahnen" überführt und mit dem Ziel der Errichtung eines Netzes direkt der Reichskanzlei unterstellt. Der Ingenieur Fritz Todt bekam als „Generalinspektor für das deutsche Straßenwesen" die Oberleitung. Nach den vorhandenen Plänen der HafraBa setzte Adolf Hitler schon im September 1933 den ersten Spatenstich für das Teilstück Frankfurt–Darmstadt der Reichsautobahnen.

Die neuen Betonstraßen erhielten zwei getrennte Bahnen von je 7,50 Metern Breite. Waren die ersten Strecken noch vornehmlich als Geraden konzipiert, so änderte man bald die Planung im Sinne „landschaftsorientierten Bauens". Die Straßen wurden mit sanften Kurvenradien abseits der Ortschaften

Die Straßenüberführung über die A 3 bei Bad Honnef-Ägidienberg ist einer der wenigen original erhaltenen technischen Bauten aus der Zeit der Reichsautobahn. Sie wurde 1938 in regionaler Grauwacke nach den Plänen von Paul Bonatz als „Tor zum Westerwald" errichtet.

ins Gelände eingepasst, sie sollten dem Kraftfahrer Erlebniswerte vermitteln. Landschaftsarchitekten kümmerten sich um die Begrünung. Für die Gestaltung der zahlreichen Brückenbauwerke, der Tankstellen und Rasthäuser wurde der renommierte Stuttgarter Architekt Paul Bonatz gewonnen, ein Vertreter des traditionsorientierten Bauens, der Wert auf klare Formen, handwerklich saubere Technik und regionales Baumaterial legte.

Die neuen Bauprinzipien wurden bei der Teilstrecke der Reichsautobahn Köln–Frankfurt umgesetzt. Der Abschnitt Siegburg–Siebengebirge wurde nach drei Jahren Bauzeit Ende 1937 eröffnet, bis Ende 1938 war die Strecke bis Dierdorf weitergeführt, im Juni 1940 war Limburg erreicht.

1939 führten die Nationalsozialisten das Reich in den Zweiten Weltkrieg. Die „Organisation Todt" bekam nun den Auftrag, den „Westwall" und die Bunker des „Atlantikwalls" zu bauen. Für den Straßenbau fehlte es bald an Stahl und Zement, zunehmend wurden als Zwangsarbeiter Sträflinge, KZ-Häftlinge und Kriegsgefangene unter unsäglichen Bedingungen für den Autobahnbau eingesetzt, 1941 musste er ganz eingestellt werden.

Die A 3 ist heute von Köln bis Wiesbaden für das gestiegene Verkehrsaufkommen sechsspurig ausgebaut. Neben die Autobahn wurde nach 1990 die Schnellbahnstrecke für den ICE gelegt, um die Lärmemissionen zu bündeln und weiteren Landschaftsverbrauch zu vermeiden.

21 Die Letzte ihres Reviers
Grube Georg

Auf einer Anhöhe gleich neben der A 3 bei der Ausfahrt Dierdorf sieht der Reisende schon von Weitem einen metallenen Förderturm. Ein Hinweisschild erklärt ihm, dass es sich um das „Industriedenkmal Grube Georg" handelt.

Wir befinden uns im Westen des Siegener Erzreviers, das hier im „Horhausener Gang" ergiebige Erzadern aufwies, die beiderseits des Wiedtals von Südwesten nach Nordosten streichen. Die Grube steht in der Gemeinde Willroth. Bergbau ist hier seit dem 14. Jahrhundert dokumentiert, doch nahm er erst im 19. Jahrhundert größeren Umfang an. Bauten die Bergleute zunächst oberirdisch anstehende Erze in offenen Gruben, den „Pingen", ab, so ging man zu Beginn der Neuzeit über, Stollen in den Felsen zu treiben und das Erz mit Haspeln durch Schächte nach oben zu transportieren. Abnehmer waren zunächst die Hüttenwerke an der unteren Wied in Sayn (→ S. 68/69) und Bendorf.

Den Aufschwung des Bergbaus brachte erst die Industrialisierung mit dem Einsatz hoher Finanzmittel und leistungsfähiger Dampfmaschinen. Eisen aus dem Siegener Revier und Kohle von der Ruhr – das waren die Triebkräfte der deutschen Montanindustrie. Die Gebiete im Westerwald hatten insbesondere mit den schwierigen Transportverhältnissen zu kämpfen. Die Lösung brachte hier erst der Eisenbahnbau. 1861 verband eine Eisenbahnlinie Hagen mit Siegen, ein Jahr darauf konnte die Linie von Köln durch das Siegtal eröffnet werden.

Bezeichnenderweise kaufte der Industriebaron Alfred Krupp 1865 die Eisenerzgruben in Willroth und Horhausen an. Ein erster Schacht mit einer Dampfmaschine wurde in die Tiefe getrieben. Um die Jahrhundertwende erreichte die Förderung ihren Höhepunkt. Nach Unterbrechungen in der Wirtschaftskrise und im Zweiten Weltkrieg lief die Produktion 1946 wieder an. 1952 wurde ein neuer Schacht bis in eine Tiefe von über 900 Metern abgeteuft und darüber ein metallenes Fördergerüst errichtet – der heutige Turm. Er überragt eine „Hängebank", das braune Gebäude in luftiger Höhe von 25 Metern. Hier wurden die hochgeförderten Loren entladen. Steinbrecher und Förderbänder zerkleinerten die Erzbrocken, die nach Größe gesiebt und in große Silos verteilt wurden – alles rationell mit Hilfe der Schwerkraft.

Bald aber konnte der Eisenerzbergbau im Siegener Revier mit den billigen ausländischen Erzen nicht mehr konkurrieren; die Montanindustrie erlebte ihren Niedergang. 1965 wurde auch die Zeche Georg als letztes Bergwerk im westlichen Siegener Revier stillgelegt. Die Schächte liefen voll Wasser, der 56 Meter hohe Förderturm konnte als Industriedenkmal erhalten werden. Besichtigungstouren liefern ein anschauliches Bild von der Erzförderung in der jüngsten Gegenwart.

Wer sich den Aufstieg auf der luftigen Metalltreppe zutraut, hat vom Förderturm der Grube Georg einen fantastischen Rundblick auf den Niederen Westerwald und das Siebengebirge.

22 „Mühlen sterben langsam“ Wassermühlen im Westerwald

Im wasserreichen Westerwald gab es an den Bächen und Flüssen zahlreiche Mühlen. Nur wenige von ihnen konnten sich bis in unsere Zeit retten und werden von Heimatvereinen sorgsam gehütet und instand gehalten. Dabei müsste man doch denken, dass die günstige und umweltfreundliche Energie Wasserkraft dem Gewerbe förderlich sein sollte …

Mühlen, von Wasser oder Wind angetrieben, sind die ältesten gewerblichen Maschinen. Im Mittelalter hatten die Grundherren das „Mühlenregal“: Nur mit ihrer Genehmigung durften Mühlen betrieben werden. Viele davon waren „Bannmühlen“, in denen die Bauern eines Ortes ihr Getreide vermahlen lassen mussten. Neben den Getreidemühlen gab es Ölmühlen, in denen Raps, Leinsamen oder Bucheckern verarbeitet wurden. In Lohmühlen zerkleinerte man Eichenrinde zum Ledergerben, Knochenmühlen dienten der Leimerzeugung. Wasserräder trieben in der Nähe von Bergwerken Pochmühlen an, in denen Erz zerkleinert wurde.

Im 19. Jahrhundert löste die Gewerbefreiheit den alten Mühlenbann ab. Die Mühlsteine wurden zunehmend durch stählerne Walzen abgelöst, der Einsatz von Dampfmaschinen oder später Elektromotoren ließ die Betriebsgrößen anwachsen.

Die kleinen Müller konnten sich immer weniger gegen die Großbetriebe behaupten. In den 1950er-Jahren suchte der Staat durch Geldabfindungen Müller dazu zu bewegen, unrentable Betriebe aufzugeben – das fiel vielen Müllern schwer, die seit Jahrhunderten das Familienerbe hüteten. 1955 verbot ein Stilllegungsgesetz den Neubau kleiner Mühlen. Wasserturbinen zur Stromerzeugung in Kleinkraftwerken waren ein Ausweg. Idyllisch gelegene Gebäude wurden in Ausflugsgaststätten umgewandelt – soweit sich noch ein Wasserrad erhielt, dient es heute als Fotomotiv.

Das Antriebswerk der Ölmühle aus Frickenhausen im Westerwaldmuseum Hachenburg stammt noch aus der Erbauungszeit um 1700.

Die kleine Ölmühle in Waldbreitbach präsentiert ihr elegantes unterschlächtiges Wasserrad.

23 „Wie's früher war" Meilerfest Rheinbrohl

Den Rheintouristen ist Rheinbrohl als Beginn des römischen Limes bekannt (→ S. 84/85). In den Wochen vor Pfingsten zieht freilich noch ein anderes Ereignis Besucher an, diesmal ein paar Kilometer entfernt vom Rhein, mitten im Westerwald: das „Meilerfest". Ein Kreis von Aktiven lässt dort ein altes Handwerk wieder aufleben, die Köhlerei.

Holzkohle, die brauchen wir heute noch zum Grillen im Garten. Früher war das ein wichtiger Grundstoff für viele Handwerkszweige, vor allem den Dorfschmied. Seit dem Altertum wird Holzkohle in den Schmelzöfen zur Gewinnung von Eisen oder Edelmetallen gebraucht, Glasbläser erzeugten mit Holzkohlen die nötige Hitze.

Der Beruf des Köhlers war besonders gefragt in waldreichen Gegenden nahe den Montanregionen, insbesondere auch im Westerwald mit seinen reichen Erzvorkommen. Da gibt es heute noch Altwege mit dem bezeichnenden Namen „Kohlstraße" – so im Nordwesten von Altenkirchen –, im Gelände finden sich an Abhängen kreisrunde Plätze, auf denen einst Kohlenmeiler standen.

Holzkohle entsteht durch das Verschwelen von Stammholz, vornehmlich von Laubbäumen, unter weitgehendem Luftabschluss. Scheite von einem Meter Länge werden kreisförmig übereinandergestapelt und der entstehende Kegel mit einer Schicht von feuchtem Laub, Grassoden und Erde luftdicht abgedeckt. In der Mitte bleibt ein Kamin frei, der als Feuerschacht zum Anzünden des Meilers dient. Dazu füllt der Köhler von oben glühende Holzkohlen ein; die Glut verbreitet sich im Meiler von oben nach unten und von innen nach außen. Die Verkohlung setzt bei gut 300 Grad ein, dann setzt sich die Reaktion von allein fort.

Je nach Größe schwelt so ein Meiler zwischen ein und zwei Wochen. Der Köhler muss den Vorgang ständig überwachen. Bei Bedarf sticht er von außen mit Stangen Löcher in den deckenden Erdmantel, damit die Glut nicht erlischt; andererseits muss er darauf achten, dass nicht zu viel Luft zutreten kann: Das Holz darf nicht brennen, sondern nur schwelen. Die Farbe des oben in der Mitte austretenden Rauches ermöglicht dem Kundigen die Kontrolle des Vorgangs. Am Ende wird der Meiler vorsichtig abgedeckt, eventuelle Glutnester müssen mit Asche abgelöscht werden, dann kann die „Ernte" der Holzkohle beginnen. Der Köhler und seine Helfer müssen also ständig anwesend sein. Sie hausen neben dem Meiler in einer einfachen Holzhütte, die früher zeltförmig aus langen Stangen errichtet und mit Reisig und Grassoden abgedeckt wurde, um Schutz vor der Witterung zu bieten.

Für einen Meiler benötigt man etwa 20 Ster Holz, vornehmlich Buche, um daraus etwa 30 Zentner Holzkohle zu gewinnen – das hängt von der Witterung, dem Wind und der Holzqualität ab. Früher wurde das Holz in der Nähe der Kohlstätte geschlagen – das führte bald dazu, dass in der Nähe der Eisenhütten ganze Gegenden entwaldet wurden. Die Obrigkeiten erließen strenge Waldordnungen, um das zu verhindern. Für die Holzgewinnung war die Wirtschaftsform des „Niederwaldes" verbreitet: Man schlug junge Stämme von 10 bis 20 Jahren, die leicht zu verarbeiten waren, und dehnte die Abholzung streifenförmig aus, sodass sukzessive wieder genügend Bäume nachwachsen konnten.

Der Köhler als Beruf ist heute im Westerwald verschwunden; ein letzter professioneller Meiler raucht noch in Walpersdorf bei Netphen im benachbarten Siegerland. In den letzten Jahren nahmen sich Heimatvereine des früheren Handwerks an. Man versicherte sich der Hilfe von Köhlern, die noch mit der alten Technik vertraut waren, und organisierte „Meilerfeste" als gefragte gesellige Ereignisse.

In Müschenbach nahe Hachenburg wird seit 1988 alle vier Jahre ein solches Fest begangen, in Rheinbrohl organisieren Begeisterte seit 2006 alljährlich vierzehn Tage vor Pfingsten ihr zweiwöchiges Meilerfest, um an die Tradition der Köhlerei im rheinnahen Gebiet des Westerwaldes zu erinnern. Heute lockt das Meilerfest an den Wochenenden mit Lagerfeuer und Wildschweinbraten Besucher aus nah und fern an; einige Dutzend begeisterte Aktive teilen sich in die schweißtreibende Arbeit und die beständige Bewachung ihres Meilers. Sie sind gern bereit, ihr Wissen an Interessierte weiterzugeben.

Der Kohlenmeiler in Rheinbrohl raucht … Hier ein Foto von 2019. Der Meiler ist über 2 Meter hoch und etwa 6 Meter breit; die „Frühschicht" wacht. Links die Köhlerleiter, daneben Metallstangen, mit denen die Luftzufuhr geregelt werden kann (Foto: Köhler-Interessengemeinschaft Rheinbrohl).

24 Vom Westerwald an den Rhein
Die Grafen von Wied

Die Grafschaft Wied war eines der kleinen Territorien des Heiligen Römischen Reiches. Sie erstreckte sich von der Rheinebene bis auf die Höhen des Westerwaldes. Die Stammburg des Geschlechts zeigt sich heute als malerische Ruine am Unterlauf des Flüsschens Wied.

In den Urkunden taucht mit Metfried anfangs des 11. Jahrhunderts erstmals ein Graf von Wied auf. In einem engen Tal hatte sich die Wied in die Schieferfelsen eingegraben und im heutigen Örtchen Altwied einen Felssporn mit steilen Flanken freigelegt, auf dessen Plateau Graf Metfried eine starke Burg errichten ließ.

Die angesehene Stellung des Grafenhauses wird darin deutlich, dass die jüngeren Kinder bedeutende Posten in der Reichskirche besetzen konnten. Arnold, sein zweiter Sohn, wurde Erzbischof von Köln und diente König Konrad als Reichskanzler, eine seiner Töchter war Äbtissin im Stift Essen-Werden. Diese Glanzzeit ging schon 1244 zu Ende, als das Adelshaus erlosch und das Territorium an die Grafen von Isenburg fiel.

Nach zahlreichen Erbteilungen nahm erst Graf Friedrich in der Mitte des 15. Jahrhunderts wieder den Titel eines Grafen zu Wied an und gilt so als Stammvater des heute noch existierenden Hausen Wied. Das Grafenhaus schloss sich im 16. Jahrhundert der Reformation an. Ein Spross des Grafenhauses, Hermann von Wied, der wiederum den Titel eines Kölner Erzbischofs erlangt hatte, löste in den Jahren nach 1542 eine Reichskrise aus, als er das Erzstift der Reformation zuführen wollte – Kaiser Karl V. belegte ihn mit dem Bann und zwang ihn zur Abdankung. Graf Johann IV. von Wied trat mit seinem Herrschaftsgebiet 1564 schließlich vom lutherischen zum reformierten Bekenntnis über. Im Bündnis mit den Grafen von Nassau spielte diese Konfession künftig im Gebiet des Westerwalds eine große Rolle.

Die mittelalterliche Burg in der Wiedschleife wurde bald militärisch bedeutungslos, sie entsprach nicht mehr den Wohnansprüchen eines barocken Fürsten. Graf Friedrich III. von Wied baute deshalb einige Kilometer weiter südlich in der Rheinebene ein neues Schloss und gründete daneben 1653 eine planmäßig angelegte Stadt „Neuwied“ als künftige Residenz; im Toleranzedikt von 1662 sicherte er ihren Einwohnern die freie Bekenntnisausübung zu (→ S. 60/61).

Die Burganlage in Altwied wurde noch bis zum Ende des 17. Jahrhunderts als Nebenwohnsitz genutzt, dann stand sie leer und die Wehranlagen verfielen zusehends. Zu Füßen der Burg hatte sich ein Ort entwickelt, der mit Mauern und Wehrtürmen befestigt war. Wegen seiner Lage abseits der Handelswege und in der engen Talniederung konnte er sich wirtschaftlich nicht groß entwickeln. Der Schwerpunkt der Grafschaft lag seit dem 17. Jahrhundert am Rheinufer.

Die Wieder Grafen wurden 1784 in den Reichsfürstenstand erhoben. Die

Die Ruine der Burg Altwied, Stammsitz der Grafen von Wied. Mit dem idyllischen Burgflecken zu ihren Füßen bildet die Ruine heute ein sehenswertes Ensemble.

Selbstständigkeit des Hauses ging in den Veränderungen der Revolutionszeit zugrunde – 1806 wurde das Fürstentum zunächst dem Herzogtum Nassau zugeschlagen; beim Wiener Kongress fiel es an das Königreich Preußen. Die Fürsten zu Wied hatten als Standesherren einen Sitz im Preußischen Herrenhaus. Verwandtschaftliche Beziehungen verbanden sie mit regierenden Häusern in ganz Europa.

25 Die Eiszeit erforschen
Museum Schloss Monrepos

Auf einer Anhöhe nicht weit entfernt von der Stammburg der Grafen von Wied, mit Aussicht über das Neuwieder Becken, liegt abseits im Wald Monrepos. Der französische Name des Anwesens deutet schon auf das galante 18. Jahrhundert und auf fürstliche Herrschaften hin.

In der Tat, „Montrepos“, später umgetauft in „Monrepos“, das war der Name für ein ausgedehntes Lustschloss, das sich Reichsgraf Alexander von Wied hier 1762 auf einem Bergrücken errichten ließ. Graf Alexander hatte sich in der Reichspolitik als Sprecher des Niederrheinischen Grafenkollegiums einen Namen gemacht und erhielt dafür vom Kaiser 1784 den Fürstentitel. 1843 wurde hier Prinzessin Elisabeth von Wied geboren, die zukünftige Königin von Rumänien, die als Dichterin „Carmen Sylva“ von sich reden machte (→ S. 58/59). Der große Schlossbau wurde im 20. Jahrhundert von der Fürstenfamilie nicht mehr genutzt und verfiel. 1969 wurde die Ruine per „heißen Abbruch“ beseitigt: Die Freiwillige Feuerwehr fackelte sie mit staatlichem Segen ab.

Das heutige stattliche Anwesen war 1909 als Nebengebäude zum alten Schloss errichtet worden und erhielt den Namen Prinzessinnenbau. Seit 1988 ist in dem Gebäude ein archäologisches Museum zur Eiszeit eingerichtet. Wie kam der einstige Fürstenbau zu dieser neuen Bestimmung?

Ausgangspunkt dafür ist eine Naturkatastrophe, die vor etwa 15.000 Jahren die ganze Gegend heimsuchte. Auf der anderen Seite des Rheins, an der Stelle der heutigen Abtei Maria Laach, brach ein Vulkan aus und bedeckte das gesamte Neuwieder Becken mit einer dicken Aschenschicht. In unserer Zeit nutzte man diese Asche, den „Bims“, als willkommenes Baumaterial; von Koblenz bis Andernach reihte sich eine Bimsgrube an die andere. Am Boden dieser Gruben, unter der Aschenschicht, fanden sich immer wieder Spuren des seinerzeit von den Vulkanausbrüchen verschütteten Lebens – es waren Fundgruben für die Archäologen, die das Ende der Altsteinzeit erforschten.

So fanden sich 1968 auch beim Ausheben einer Baugrube in Neuwied-Gönnersdorf unter dem Bims die Überreste einer Siedlung steinzeitlicher Jäger. Der Boden zeigte Verfärbungen, die von den Pfosten kreisrunder Zelte herrührten, die man mit Fellen gedeckt hatte. Sie erinnern an die Jurten heutiger Nomadenvölker in der Mongolei. In der Mitte lag eine Feuerstelle; der Rauch konnte durch eine Öffnung im Dach abziehen. Gekocht wurde in kleinen Gruben, die man mit Fellen auskleidete und mit Wasser füllte, das dann mit heißen Steinen erhitzt wurde. Die Siedlung wurde von Menschengruppen über mehrere Monate bewohnt; hierher brachten die Jäger ihre Beutetiere und fertigten aus den Knochen Werkzeuge, aus den Zähnen Schmuckketten.

Den Boden ihrer Zelte hatten die Bewohner mit kleinen Schieferplatten belegt – und die boten eine Überraschung: Im weichen Stein waren Gravierungen

Mammut „Max" lädt ein zum Besuch des Museums.

Ritzzeichnungen zweier Frauengestalten auf einem etwa 10 Zentimeter hohen Schieferstück zeigen uns das steinzeitliche Schönheitsideal.

auszumachen, die Jagdtiere zeigen wie Pferd, Rentier, Antilope und selbst das Mammut, vor allem aber die Umrisse von Frauenfiguren. Die haben den Namen von Gönnersdorf in der vorgeschichtlichen Forschung berühmt gemacht. Ähnliche Motive fanden sich auch in kleinen Schnitzereien aus Geweih und Knochen.

Diese reichhaltigen Funde, die belegen, dass sich die damaligen Menschen bereits als Künstler betätigten, stellte man im nicht weit entfernten Monrepos aus, wo der Prinzessinnenbau damals leer stand. Heute firmiert die Einrichtung als archäologisches Forschungszentrum und Museum für menschliche Verhaltensevolution. Eine Mitmach-Ausstellung zum Thema „Menschliches Verstehen" möchte den Besuchern verständlich machen, wie wir heute noch von den Erfahrungen unserer fernen Vorfahren geprägt sind. Vergessen Sie alle Vorbehalte gegen Museen mit verstaubten Scherbensammlungen in Vitrinen: Hier gehen Sie, beschallt von Urwaldlauten, in Schubladen mit ausgewählten Fundstücken, umgeben von Großfotos und Schaubildern, auf ihre persönliche Entdeckungsreise.

26 Die schreibende Königin
Carmen Sylva

Da gibt es in Neuwied einen Carmen-Sylva-Garten, eine Regionale Schule trägt ihren Namen, ebenso ein Ausflugsschiff. Hinter dem südländisch klingenden Namen verbirgt sich eine Prinzessin aus dem fürstlichen Hause Wied, die durch ihre Heirat zur Königin von Rumänien wurde.

Elisabeth Pauline Ottilie Luise, Prinzessin zu Wied, wurde zum Jahresende 1843 auf Schloss Monrepos, einem Sommerschloss auf den Westerwaldhöhen (→ S. 56/57), geboren. Elisabeth erhielt in dem weltoffenen Fürstenhaus eine umfassende Erziehung, die insbesondere ihr Talent für Fremdsprachen förderte. 1869 verheiratete sie sich mit Karl Ferdinand von Hohenzollern-Sigmaringen – eine standesgemäße Partie.

Karl Ferdinand war 1866 zum Fürsten von Rumänien gewählt worden, das damals noch unter der Oberhoheit des Osmanischen Reiches stand. Eine Verschwörung der führenden Landespolitiker hatte den Vorgänger, Alexandru Cuza, gestürzt. Von der Kandidatur des preußischen Prinzen erhoffte man sich Rückendeckung gegen den westlichen Nachbarn Österreich-Ungarn – hatte doch Preußen das Haus Habsburg gerade aus Deutschland verdrängt.

Das junge Paar hatte in dem unruhigen Balkanland Rumänien zunächst einen schweren Stand. Als konstitutionellem Monarchen gelang es Karl Ferdinand, die Staatsfinanzen zu ordnen, durch die Förderung des Eisenbahnwesens die Wirtschaftsprobleme des Landes zu mildern und die Armee nach preußischem Vorbild zu reorganisieren. Elisabeth erwarb sich durch ihr karitatives Engagement Sympathien im Land.

Im Freiheitskrieg gegen die Türkei 1877/78 erlangte Rumänien mit russischer Unterstützung die Unabhängigkeit. 1881 wurde Rumänien Königreich, Karl Ferdinand bestieg als Carol I. den Thron. Zum Problem wurde die Frage der Thronfolge. Karl Ferdinand und Elisabeth hatten eine Tochter, die im zarten Alter von knapp vier Jahren verstarb, weitere Kinder blieben ihnen verwehrt. So wurde offiziell der Neffe des Königs, Ferdinand von Hohenzollern-Sigmaringen (vgl. → S. 88/89), zum Thronfolger ausgerufen.

Der Tod ihrer Tochter und die Frage der Thronfolge nahmen Königin Elisabeth sehr mit. Sie wandte sich verstärkt der Literatur zu – schon im jugendlichen Alter hatte sie sich dichterisch betätigt. 1881 veröffentlichte sie ein erstes Werk unter dem Pseudonym Carmen Sylva. Es blieb freilich nicht lange unentdeckt, wer sich hinter dem Künstlernamen verbarg. Die „dichtende Königin“ erregte großes Aufsehen in der Presse Rumäniens und im Ausland. Sie veröffentlichte im Lauf ihres Lebens mehr als 30 Werke: Gedichtbände, Romane, Märchen, Aphorismen, romantische Rheinlieder. Mit Übersetzungen rumänischer Literatur machte sie das Land auch in ihrer Heimat bekannter.

Porträt von Elisabeth zu Wied, Königin von Rumänien, am Carmen-Sylva-Garten in Neuwied.

Wie dichtet eine Königin? So erklärte die Westerwald-Prinzessin ihr Pseudonym:

Carmen das Lied und Sylva der Wald,
Von selbst gesungen das Waldlied schallt.
Und wenn ich am Wald nicht geboren wär',
Dann säng' ich die Lieder schon längst nicht mehr.
Den Vögeln hab ich sie abgelauscht;
Der Wald hat alles mir zugerauscht,
Vom Herzen tat ich den Schlag dazu,
Mich singen der Wald und
das Lied zur Ruh!

In der Literaturgeschichte hat Carmen Silva keinen Platz gefunden, ihre dichterischen Werke sind heute weitgehend vergessen.

Nach einer Hofintrige musste Elisabeth die Jahre von 1891 bis 1894 im Exil in Italien und Deutschland verbringen – offiziell zur Kur. Zurückgekehrt widmete sie sich vor allem der Förderung des Schulwesens und karitativen Werken. Das neue Jahrhundert begann mit politischen Unruhen. Ein Bauernaufstand erschütterte Rumänien, das Königreich war in die Balkankriege verstrickt. Karl Ferdinand starb am 12. Oktober 1914, einige Tage nach Ausbruch des Weltkrieges. Rumänien war zunächst neutral geblieben, trat dann aber 1916 unter dem Nachfolger aufseiten der Entente in den Krieg ein. Elisabeth verstarb im März 1916 und wurde in Rumänien beerdigt.

27 Eine Stadt für alle Konfessionen
Planstadt Neuwied

Mit dem Besuch in der Kreisstadt Neuwied in der Rheinebene verlassen wir natürlich den Westerwald – das sei uns aber nachgesehen: Hier errichteten die Westerwaldgrafen vor 300 Jahren ihre neue Residenz – nur ein paar Kilometer entfernt von ihrer Stammburg am Unterlauf des namengebenden Flüsschens.

Die Stadt Neuwied ist eine „Planstadt" des 17. Jahrhunderts, sie wurde „auf der grünen Wiese" errichtet. Graf Friedrich III. zu Wied (1618–1698) hatte sich entschieden, die Stammburg Altenwied (→ S. 54/55) zu verlassen und seine Residenz an das Rheinufer zu verlegen – direkt an die bedeutende Wasserstraße. Dort baute er 1648 ein kleines, mit Wall und Graben gesichertes Schloss und ließ südlich davon eine Siedlung „Neuenwied" anlegen. Der Platz lag verkehrsgünstig, war freilich den Hochwassern des Rheins ausgesetzt – nur: Viele Auswahlmöglichkeiten hatte der Graf nicht, denn sein schmales Territorium am Rheinufer lag eingezwängt zwischen den trierischen Besitzungen Engers und Leutesdorf.

1653 erhielt der Ort Neuwied Stadtrecht. Die Viertel waren schachbrettartig angelegt um einen rechtwinkligen Marktplatz etwa auf der Höhe des Schlosses. Das Siedlungsgebiet war nicht von Mauern umschlossen und konnte nach Bedarf in das Umland erweitert werden. Um Zuzügler anzuziehen, erließ Friedrich III. 1662 ein „Toleranzedikt", das allen Neubürgern neben persönlichen Freiheitsrechten und Steuerprivilegien Religionsfreiheit zusicherte. Im Heiligen Römischen Reich galt ansonsten der Grundsatz „cuius regio, eius religio", das heißt, die Untertanen hatten die Konfession des jeweiligen Landesherrn anzunehmen oder mussten auswandern.

Die Stadt Neuwied wuchs langsam durch die Zuwanderung von Kaufleuten und Handwerkern an. 1694 wurde das Wiedische Schloss im Pfälzischen Erbfolgekrieg von französischen Truppen zerstört. Graf Friedrich Wilhelm ließ es vom berühmten nassauischen Baumeister Julius Ludwig Rothweil (→ S. 32/33, S. 108/109) nach französischem Vorbild als Vierflügelanlage neu errichten – so präsentiert es sich dem Besucher noch heute.

Als aufgeklärter Fürst erneuerte Friedrich Alexander (1737–1791) die Toleranzpolitik seiner Vorgänger; weitere Konfessionsgruppen ließen sich in Neuwied nieder. Schließlich lebten um die Mitte des 18. Jahrhunderts sieben verschiedene Glaubensrichtungen in der Stadt zusammen: Reformierte und Lutheraner, Juden und Katholiken, dazu verschiedene freikirchliche evangelische Gemeinden. Unter Letzteren erlangten die „Herrnhuter Brüder" besondere Bedeutung: ihre „Gemeine" umfasste in Neuwied ein ganzes Stadtviertel. Die Gebäude aus der zweiten Hälfte des 18. Jahrhunderts in schlichten barocken Architekturformen sind bis heute unzerstört erhalten. In der

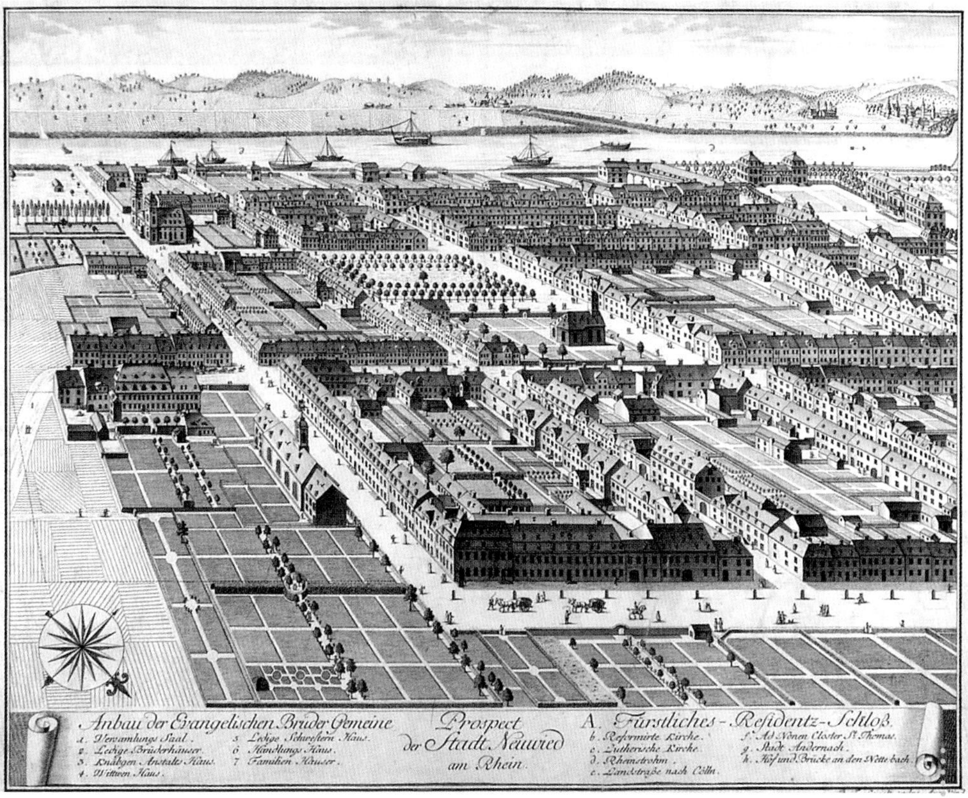

„Prospect der Stadt Neuwied am Rhein", Gesamtansicht von Nordosten, Kupferstich von Balthasar Friedrich Leizel nach G.F. Tröger, um 1745. Rechts oben ist der Komplex des Residenzschlosses zu sehen, etwa in der Bildmitte der baumbestandene Marktplatz, im Blickfeld im Vordergrund das „Herrnhuter Viertel" mit dem noch freistehenden Versammlungs- und Gebetshaus gegenüber.

Gemeine arbeiteten geschickte Handwerker, die zum wirtschaftlichen Aufstieg der Stadt Neuwied entscheidend beitrugen – europaweit gefragt waren die Luxusmöbel aus der Werkstatt Roentgen (→ S. 62/63). Die Schulen der Stadt hatten einen guten Ruf.

Die Bedeutung Neuwieds als fürstliche Residenz endete in den politischen Umbrüchen nach der Französischen Revolution. Neuwied entwickelte sich unter preußischer Herrschaft zu einer bedeutenden Industriestadt: Aus den Hammerwerken im unteren Wiedtal ging das heutige Walzstahlwerk Rasselstein hervor, am Rheinhafen zählt eine Zementfabrik zu den größten Unternehmen.

Segensreich für die Stadt war die Errichtung des Schutzdammes entlang des Rheinufers als „Arbeitsbeschaffungsmaßnahme" in den Jahren 1928 bis 1931; er beraubte die Stadt zwar des freien Blicks auf den Fluss, schützte sie aber wirksam vor den verheerenden Hochwassern. So schmückt sie sich heute mit dem Titel „Deichstadt". Seit 1946 gehört Neuwied zum Bundesland Rheinland-Pfalz und fungiert als Sitz einer Kreisverwaltung.

28 Möbel für Europa
Abraham und David Roentgen

Ein Adeliger, der sein barockes Schloss mit Glanzstücken möblieren wollte, musste sich vor 250 Jahren nach Neuwied wenden: Hier befand sich die große Werkstatt des Kunsttischlers Abraham Roentgen und seines Sohnes.

Abraham Roentgen (1711–1793) wurde in Mülheim am Rhein geboren. Dort erlernte er bei seinem Vater das Schreinerhandwerk. Seine Wanderschaft brachte ihn als Gesellen an verschiedene Orte in den Niederlanden, schließlich nach London – bei allen Lehrmeistern perfektionierte er sich in den modernsten Techniken der Kunstschreinerei.

In London lernte er den pietistischen Prediger Graf Zinzendorf kennen, den Gründer der „Herrnhuter Brüdergemeine". Diese Glaubensgemeinschaft war aus der Bewegung der „Böhmischen Brüder" (→ S. 22/23) hervorgegangen, die ihre Ursprünge auf die tschechische Reformation zurückführt. Glaubensflüchtlinge aus Böhmen hatten in „Herrnhut" in der Oberlausitz beim Grafen Zinzendorf Asyl gefunden. 1738 schloss sich Roentgen den Herrnhutern an. Zunächst arbeitete er als Schreiner in ihrer Gemeine Herrnhag im hessischen Büdingen. 1750 zog er mit seiner Familie nach Neuwied, wo Graf Johann Friedrich Alexander den Herrnhutern Bauplätze zur Verfügung stellte.

Abraham Roentgen errichtete dort mit seinen Söhnen eine Manufaktur, in der er erlesene Möbel nach dem Geschmack des Rokoko herstellte. Die Möbelstücke waren mit kunstvollen Intarsien, Einlegearbeiten aus wertvollen Hölzern, verziert; was zunächst wie ein einfacher Tisch aussah, konnte dank komplizierter Mechanik in ein Schreibpult verwandelt werden, ein Schreibschrank überraschte mit zahlreichen Geheimfächern und Schwenkschubkästen. Dank der geschäftlichen Verbindungen der Gemeinemitglieder lernte Roentgen zahlungskräftige Kunden kennen; das Grafenhaus zu Wied und der Kurfürst von Trier gehörten zu seinen Abnehmern.

1775 übergab Abraham Roentgen den Betrieb an seinen Sohn David (1743–1807). Der errichtete in Neuwied ein neues – nach der Meinung der Brüdergemeine zu stattliches – Haus in der Pfarrstraße und brachte das Unternehmen zu neuer Blüte. Seine Möbel verkaufte er an europäische Fürstenhöfe zwischen Paris und Sankt Petersburg. In der Zusammenarbeit mit dem Neuwieder Uhrmacher Peter Kinzing fertigte er nunmehr auch mechanische Kabinettstücke.

Das Roentgen-Museum in Neuwied präsentiert prächtig aufbereitet eine reichhaltige Sammlung der Werke aus der Manufaktur. Es empfiehlt sich eine Führung, um hinter die Geheimnisse der prunkvollen Möbel zu kommen.

Kommode aus der Werkstatt des Abraham Roentgen mit feuervergoldeten Beschlägen (ca. 1755), darüber ein Porträt des Trierer Kurfürsten Clemens Wenzeslaus (Roentgen-Museum Neuwied). ▸

29 Ein Prinz, ein Maler und ein Häuptling
Naturforscher Max zu Wied

Ein vom Fürsten von Wied für einen seiner Vorfahren gestiftetes Denkmal vor dem Schloss zeigt drei Bronzefiguren, dekorativ um Basaltsäulen herum arrangiert: den Prinzen Maximilian Alexander zu Wied mit seinem Jagdgewehr, den Maler und Zeichner Karl Bodmer mit einem Skizzenblock und das markante Profil des Indianerhäuptlings Mato Tope.

Maximilian Alexander Prinz zu Wied wurde als 8. Kind des recht unsteten Erbgrafen Friedrich Carl im Jahr 1782 geboren. In seiner Jugend erforschte er auf Jagdstreifzügen die Vögel des heimischen Westerwalds und absolvierte ein kurzes naturwissenschaftliches Studium. 1802 schlug er die militärische Laufbahn in den Diensten Preußens ein. Die brachte ihm auf dem siegreichen Frankreichfeldzug 1813 in Paris die Bekanntschaft mit Alexander von Humboldt. Der vielseitig Gelehrte hatte von 1799 bis 1804 eine aufsehenerregende Forschungsreise durch Süd- und Mittelamerika gemacht. Ihm wollte es Prinz Maximilian gleichtun. Er ließ sich vom Militär beurlauben.

1815 machte er sich auf zu einer Reise an die Ostküste Brasiliens, die Humboldt nicht erkunden konnte. Begleiten ließ er sich von einem Vogelkundler und einem Botaniker. Nach zwei Jahren kehrte der Prinz zurück und verarbeitete seine Entdeckungen in einem reichbebilderten Buch „Reise nach Brasilien", das 1820 erschien. Fünf Jahre später erschienen vier Bände einer „Naturgeschichte Brasiliens".

Nunmehr zogen die „Indianer" Nordamerikas das Interesse des Prinzen auf sich. Im Sommer 1832 machte er sich in Begleitung des Schweizer Zeichners Karl Bodmer auf die Seereise in die USA. Im Frühjahr 1833 erreichten sie den Missouri und fuhren flussaufwärts entlang der Handelsposten in die Indianergebiete. Die Reise endete am Fort Mackenzie. Kämpfe zwischen verfeindeten Indianerstämmen hinderten sie an der Weiterreise bis an die Rocky Mountains.

Maximilian zu Wied und seinen Begleitern gelang es, das Vertrauen der

Die Statue des Häuptlings Mato Tope erinnert an das Los der bedrohten Ureinwohner Amerikas.

Eine Seite des Denkmals vor dem Neuwieder Schloss zeigt Prinz Maximilian Alexander zu Wied, wie er sich dem Zeichner Karl Bodmer zuwendet, der seine Expedition dokumentierte.

besuchten Indianerstämme zu gewinnen. Karl Bodmer hielt das Erscheinungsbild der Krieger im Detail fest, er skizzierte akribisch ihre Zeremonien und Feste. Der Prinz notierte alle Beobachtungen in seinen Reisetagebüchern, die einen Umfang von 1200 Seiten erreichten. Vor ihnen hatte sich noch niemand so ausführlich mit den amerikanischen Ureinwohnern befasst. Die Siedler aus dem amerikanischen Osten schränkten vielmehr deren Lebensraum und ihre Jagdgebiete ein und drängten die „Wilden" in Reservate zurück. Hinzu kam, dass unter den Ureinwohnern eingeschleppte Krankheiten wüteten.

Die beiden Forscher freundeten sich mit Häuptling Mato Tope vom Stamm der Mandan an, der sie bereitwillig mit allen Auskünften versah. Die Pocken rafften einige Jahre später seinen Stamm dahin, der Häuptling hungerte sich aus Gram zu Tode. 1834 machte sich die Expedition wieder auf den Heimweg nach Europa. Drei Jahre darauf erschien in zwei Bänden der von Bodmer illustrierte Reisebericht, bis heute ein Standardwerk für die Geschichte der amerikanischen Ureinwohner. Prinz Maximilian, der Autodidakt, wurde für seine Forschungen 1858 mit der Ehrendoktorwürde der Universität Jena geehrt. Hochgeachtet als Naturwissenschaftler und Ethnologe starb er 1867.

30 Burg, Schloss und Hauskloster
Die Grafen von Sayn

Im Örtchen Sayn hat sich das Bild der Residenz eines für den Westerwald bedeutsamen Grafengeschlechts erhalten. Noch zu sehen sind die Reste der mittelalterlichen Stammburg, neben der Burgsiedlung das Hauskloster mit der Grablege, schließlich das Schloss des 19. Jahrhunderts mit seinem großen Park.

Wie die Wiedgrafen in der Nachbarschaft stammt das Haus Sayn aus einer Burg am Abhang des Westerwalds zur Rheinebene. Die Stammburg geht auf das 12. Jahrhundert zurück. Südlich zu Füßen der Burg am Brexbach liegt die Burgsiedlung, die mit den Festungsanlagen durch eine Mauer verbunden war. Eindrucksvoller Überrest ist der Torturm neben dem Schloss. Die Burg wurde im Dreißigjährigen Krieg von den Schweden zerstört und nicht wieder aufgebaut.

Etwa zeitgleich mit der Burg entstand östlich des Ortes ein Kloster, in das der Orden der Prämonstratenser einzog. Die Abteikirche mit schlichtem Äußeren wurde im Lauf des 13. Jahrhunderts im Übergangsstil der Romanik zur Gotik gebaut. Im Lauf der Jahrhunderte erlitt der Bau manche Verluste, die Klostergebäude wurden weitgehend abgetragen. Anziehungspunkt ist ein prächtiger romanischer Brunnen im erhaltenen Westflügel des Kreuzganges. Die Kirche dient heute als Pfarrkirche und bietet nach einer einfühlsamen Restaurierung einen stimmungsvollen Innenraum.

Das Sayner Schloss mit seiner ausgedehnten Parkanlage im englischen Stil geht auf einen Umbau in der Mitte des 19. Jahrhunderts zurück.

Im 12. Jahrhundert hatten es die Grafen von Sayn als im Reich einflussreiche Politiker vermocht, ihr Herrschaftsgebiet bis in den Moselraum und an die Sieg auszudehnen. Die von ihnen gegründete Burgstadt Blankenberg sicherte die Besitzungen im nördlichen Westerwald. Aber schon um die Mitte des 13. Jahrhunderts starb die Hauptlinie aus. Wiederholte Teilungen zersplitterten das Territorium. Der Nordwesten fiel an das Erzstift Köln, der Rest wurde in einer verwickelten Geschichte immer wieder geteilt, vererbt oder verpfändet. Den Stammsitz Sayn zog 1606 Kurtrier als erledigtes Lehen ein, der Besitz im Westerwald zerfiel im 17. Jahrhundert in die Reichsgrafschaften Sayn-Altenburg und Sayn-Hachenburg (→ S. 32/33). Altenkirchen ging auf dem Erbweg an die Markgrafschaft Bayreuth-Ansbach, 1815 definitiv an das Königreich Preußen. Die Reichsgrafschaft Hachenburg fiel zu Beginn des 19. Jahrhunderts zunächst an das Fürstentum Nassau und wurde mit ihm 1866 ebenfalls dem Königreich Preußen einverleibt.

1361 hatten Nachfahren der Grafen von Sayn die Burg Wittgenstein im Bergland an der oberen Lahn geerbt und dort eine Nebenlinie des Geschlechts begründet. Ein Nachfahre der Familie, Fürst Ludwig Adolf, diente dem russischen Zaren als Feldmarschall und wurde gefeiert als Sieger über Napoleon. Ludwig, der Sohn des Feldmarschalls, kehrte

Blick aus der der Parkanlage auf Schloss Sayn. Auf der Anhöhe links die Reste der mittelalterlichen Stammburg, in der Bildmitte der Neubau des Fürstenschlosses im neugotischen Stil, rechts der Torturm der einstigen Stadtbefestigung mit seiner barocken Haube.

1848 aus Russland zurück und erhielt vom preußischen König als Geschenk die Besitzungen der Vorfahren in Sayn. Dort begründete er die neue fürstliche Linie Sayn-Wittgenstein-Sayn.

Der neue Eigentümer ließ 1848 ein kleines barockes Schlösschen zu Füßen der Burg zu einem zeitgemäßen Wohnsitz ausbauen. Der französische Architekt Alphonse Girard verzierte die Fassade mit Fialen im neugotischen Stil und einem wirkungsvollen Treppengiebel. Im Inneren wurden Stiegenhäuser und Geländer mit Eisengießereien der nahen preußischen Gießhütte (→ S. 68/69) ausgestaltet.

In den letzten Kriegstagen 1945 wurde der Schlossbau beschädigt und brannte aus. Jahrelang verfiel die Ruine – Bauten des Historismus galten damals kaum als denkmalwürdig. Erst gegen Ende des 20. Jahrhunderts konnte das Schloss mit Unterstützung des Landes Rheinland-Pfalz detailgetreu wieder aufgebaut werden. Heute präsentiert sich Schloss Sayn in einstiger Pracht. Es ist im Besitz der weitverzweigten fürstlichen Familie Sayn-Wittgenstein, die es zu einem Museum, einem Seminarzentrum und mit den Schmetterlingshäusern im Park zu einem Anziehungspunkt für Besucher machte.

31 Gotik für die Eisenschmelze
Preußische Gießhütte Sayn

Die Kulturlandschaft um den Sayner Burgberg wird im Westen ergänzt durch ein einzigartiges Denkmal der Industriegeschichte, eine Eisenhütte, die wie durch ein Wunder der Modernisierung in späteren Jahren und damit dem Abbruch entging.

Die Umgebung von Neuwied und Bendorf entwickelte sich zu einem Zentrum der neuzeitlichen Montanindustrie. Es gab die Erzlagerstätten im Revier um das Flüsschen Wied mit der Grube Georg (→ S. 48/49), und 1769 ließ der letzte Trierer Kurfürst Clemens Wenzeslaus in Sayn eine Eisenhütte errichten. Der Saynbach lieferte die Energie für den Betrieb der Wasserräder, direkt am Berghang wurde ein Hochofen angelegt, der günstig von oben her mit Erz beschickt werden konnte, Holzkohlen lieferten die ausgedehnten Wälder. Aus dieser Zeit stammt das barocke Comptoirgebäude neben der Gießhütte.

Die Grafschaft Sayn fiel nach dem Wiener Kongress an das Königreich Preußen. Das baute ganz in der Nähe die Großfestung Koblenz, und dort brauchte man Kanonen. Bald meldete auch der Eisenbahnbau enormen Bedarf an Schienen an. Für diese gestiegene Nachfrage ließ das Königreich das Hüttenwerk ausbauen und modernisieren – neben den Werken in Berlin und im schlesischen Gleiwitz wurde Sayn zur bedeutendsten Gießhütte Preußens.

Der Ausbau wurde dem Ingenieur Carl Ludwig Althans als „Bauconductor" übertragen. Der entwickelte eine funktionale Werksanlage nach den damals modernsten technischen Verfahren, für die es gerade in England Vorbilder gab. Der Hochofen wurde wiederum am Hang neu erbaut, Wasserräder an den Seiten betrieben die Blasebälge. Davor in Richtung Südwesten wurde eine dreischiffige Gießhalle in der Form einer romanischen Basilika gebaut. Als Schutz vor Funkenflug erhielt das Dach ein Tragewerk aus gusseisernen Bögen; Rauch konnte aus den Öffnungen des erhöhten Mittelschiffs abziehen. Auch die Stützen wurden als gusseiserne Säulen direkt vor Ort gefertigt. Den Abschluss der Halle im Westen bildete 1830 eine Glaswand aus gotikartigen metallenen Bögen.

1865 erwarb Friedrich Krupp die Sayner Hütte und erweiterte sie durch eine neue Halle aus Ziegelwerk. Doch zum Jahrhundertende hin lag Sayn zu abseits; man konzentrierte sich auf den Guss von eisernen Kunstwerken und Plaketten. 1926 wurde der Betrieb ganz stillgelegt. Für den ungenutzten Industriebau interessierte sich niemand mehr; er verfiel – wurde aber zum Glück nie abgerissen. Eine Renovierung wurde 1976 dank privater Initiative begonnen, bis mit staatlicher Unterstützung die Sayner Gießhütte 2012 als einzigartiges Industriedenkmal eröffnet werden konnte.

Die Fassade der Gießhalle Sayn in den letzten Strahlen der Abendsonne. Die gusseisernen Spitzbögen erinnern an neugotische Gebäude des preußischen Oberbaurates Carl Friedrich Schinkel.

32 Kirmesbaum und Eierkrone

Brauchtum und Religion

Im südlichen Westerwald pflegen Heimatvereine den Brauch, zur Kirmes eine Krone aus ausgeblasenen Eiern herzustellen, sie dann in großem Umzug zum Kirmesplatz zu tragen und mit vereinten Kräften am Kirmesbaum hochzuziehen.

Um die Osterzeit gibt es eine ganze Reihe von Bräuchen um das Osterei. Seit der Antike sind Hühnereier Symbole für Fruchtbarkeit und das aufkeimende Leben; den ersten Christen galt das Ei als Symbol für die Auferstehung des Heilands. Obendrein war es in der Fastenzeit untersagt, Eier zu essen – so hatten sich bis zum Osterfest eine Menge von Eiern angesammelt, die man zur Dekoration verwenden konnte.

Im Rheintal und im südlichen Westerwald hat sich der Brauch erhalten, nach Ostern Eier auszublasen und sie, an Fäden aufgezogen, um ein Tragegestell kunstvoll in Form einer Krone zu arrangieren. Zur Kirchweih wurde die Krone am Kirmesbaum hochgezogen und blieb dort bis zur Erntezeit hängen.

Die ungleiche regionale Verteilung dieses Osterbrauchs ist auf die frühere territoriale Zersplitterung des Westerwalds zurückzuführen – er findet sich vor allem in den traditionell katholischen Gebieten. Der südliche Westerwald von der Gegend um Bendorf und Montabaur bis zum Unterlauf der Lahn war Teil des Unteren Trierer Erzstifts, das Rheintal und die Ämter Linz und Altenwied im Nordwesten gehörten zum Erzstift Köln. Die zentralen Waldgebiete verteilten sich auf die Grafschaften Sayn, Wied und Nassau, deren Herrscher sich früh der Reformation anschlossen. Die Lehren Calvins fanden hier weite Verbreitung (→ S. 18–23): Sie richteten sich gegen bunte Gemälde und Heiligenfiguren in den Kirchen, die Gemeinden achteten auf schlichte Kleidung und sittliche Zucht ihrer Gläubigen – kein Nährboden für den Karneval rheinischer Prägung.

Eierkronen wurden noch vor 50 Jahren in etwa 40 Gemeinden des südlichen Westerwalds angefertigt, heute wird der Brauch vornehmlich von Junggesellen- und Heimatvereinen lebendig gehalten. Die größte Kirmeskrone wird in Bendorf aufgezogen – sie fand mit 25.000 Eiern selbst Eingang in das Guinness-Buch der Rekorde.

Aber auch an anderen Orten werden Osterbräuche rund um das Ei gepflegt. In der Gemeinde Horhausen im Kannenbäckerland findet am Ostersonntag ein Wettbewerb im Ostereier-Weitwurf statt. Bunt bemalte gekochte Eier sollen möglichst weit entfernt im Gras der Feuerwehrwiese landen – unzerschmettert natürlich.

In Norken unweit des Klosters Marienstatt im nördlichen Westerwald wird das „Eierschibbeln“ gepflegt: Man lässt Eier an zwei parallelen Holzlatten abrollen und versucht damit das Ei des Gegners auf der Wiese zu treffen. Wer die meisten Eier gewonnen hat, ist dann „Schibbelkönig“ oder „Schibbelkönigin“.

Die Eierkrone der Ortsgemeinde Weitersburg wird – hier im Jahr 2019 – im Festumzug zum Kirmesplatz getragen. (Foto: Fidele Jungens Weitersburg)

Weitersburg, eine Gemeinde am Rand des Westerwalds hoch über dem Rheintal, ist die Heimat des seligen Peter Friedhofen, eines Zeitgenossen von Katharina Kasper (→ S. 82/83), der in Koblenz und Trier als Gründer eines Krankenpflege-Ordens wirkte. Das Bauerndorf erhielt zu Beginn des 20. Jahrhunderts eine neue Pfarrkirche. Dafür wurde 1901 ein Kirmesverein gegründet, der am vierten Wochenende nach Ostern den Kirmesbaum stellt und traditionell mit einer großen, glockenförmigen Eierkrone schmückt. 4500 Eier werden dafür jedes Jahr von vielen Familien gesammelt und in arbeitsamen Wochen vornehmlich von den Jugendlichen des jeweiligen Kirmesjahrgangs für die Krone verarbeitet. Ungeachtet des Traditionsnamens „Fidele Jungens“ gehören seit 1990 auch Damen zu den bald 400 Mitgliedern des Vereins, der im Gemeinschaftsleben der Gemeinde eine bedeutende Rolle spielt.

33 Das „Weiße Gold"
Tongewinnung

Der Westerwald war ein bedeutendes Abbaugebiet für Erze; die Gegend lieferte Basalt nach ganz Deutschland. Dass es hier auch Bergwerke gab zur Gewinnung von Ton, das ist heute kaum mehr bekannt.

Dabei befinden sich im Westen des Mittelgebirges die bedeutendsten Tonlagerstätten in Europa. Ton, das ist ein Verwitterungsprodukt der devonischen Sandsteine, aus denen sich das Rheinische Schiefergebirge, zu dem der Westerwald gehört, aufbaut. Dieses Gebirge entstand vor etwa 300 Millionen Jahren und wurde dann durch Wind und Wetter immer weiter abgetragen, bis nur mehr eine sanft gewellte Oberfläche übrig blieb. Im heißen Klima der Tertiärzeit vor gut 30 Millionen Jahren zersetzte sich das Gestein an der Oberfläche durch die Verwitterung allmählich in seine mineralischen Bestandteile. Diese setzten sich viele Meter dick in Becken und Rinnen ab. Im flachen Gelände der Westerwälder Platte sind viele dieser tongefüllten Mulden erhalten geblieben, auch als sich die Gegend vor etwa 700.000 Jahren erneut zu heben begann und sich Flussläufe in tiefen Tälern einschnitten – das heute bekannte Landschaftsbild. So finden sich Tonlagerstätten in einem breiten Streifen, der vom westlichen Rheinufer bei Bendorf bis in die Gegend des Dilltales bei Breitscheid reicht.

Nun ist Ton nicht gleich Ton – je nach seiner Zusammensetzung kann er ganz unterschiedliche Konsistenz und Farbe annehmen. „Fette" Tone enthalten sehr viel Tonmineralien und wenig Quarz; sie sind plastisch und gut formbar. Je höher der Anteil von Quarzsanden wird, desto „magerer" wird der Ton und desto spröder die daraus zu formenden Produkte. Am gefragtesten ist der weiße Ton, der sich zu feinem weißwandigen Steinzeug verarbeiten lässt. Anteile von Eisenoxid, anderer Metalle oder von Kohlenstoff verändern die Brennfarbe nach gelb, rot oder gar schwarz.

Seit der Jungsteinzeit verwenden die Menschen Ton, um daraus Gefäße zu formen. Das nahe der Erdoberfläche liegende Mineral wurde zunächst in offenen Gruben abgebaut. Um an die wertvollen Schichten des Tons zu gelangen, musste man aber tiefer graben. Das hieß, immer mehr Material der Deckschichten abzuräumen. Im 18. Jahrhundert kam so der „Glockenschachtbau" auf. Über einem Tonlager wurde zunächst ein runder Schacht mit einem Durchmesser von 1 1/2 Metern gegraben, dessen Wände man mit Holzreifen und Ästen abstützte. War dann die weiße Schicht erreicht, erweiterte man den Schacht nach unten hin zunehmend in die Breite, bis ein relativ stabiler glockenförmiger Arbeitsraum entstand. Der gewonnene Ton wurde mit Haspeln und Eimern nach oben befördert.

So entstanden Hohlräume von bis zu 20 Metern Breite unter der Erde. Doch die Arbeit unter Tage war gefährlich, stets drohte der Abbruch einer Wand, es fehlte an ausreichend Luft zum Arbeiten, nur geringe Teile des wertvollen Rohstoffs konnten gefördert werden. Im 19. Jahrhundert ging man dann über zum Schachtabbau in regelrechten Bergwerken. Die Stollen wurden durch Holzbohlen fachgerecht verstärkt. Das letzte aktive Tonbergwerk in Siershahn stellte 1979 seinen Betrieb ein. Es wurde von einem Förderverein aufgekauft, der es heute als Museum betreibt.

Ton wird heute ausschließlich im Tagebau gewonnen: Mächtige Schaufellader und Bagger schaffen den Abraum beiseite und legen die gewünschten Tonschichten frei. Der Ton wird für die verschiedensten industriellen Verwendungszwecke in großen Mischanlagen aufbereitet und dosiert. Keramikfabriken in Deutschland und bei den europäischen Nachbarn geben die Lieferung bei der Grube in Auftrag.

Die Anlage von Tongruben ist bis ins Detail umweltrechtlich geregelt. Die Rekultivierung abgebauter Flächen folgt der Gewinnung des Minerals in geringem Abstand: Neben landwirtschaftlich genutzten Flächen und Wald werden Biotope angelegt, die bedrohten Tierarten und Pflanzen als Lebensräume dienen.

Blick auf das Tonbergbaumuseum in Siershahn: erhalten sind der verkleidete Förderturm und die Verladerampe neben einer Reihe von Maschinen. Ein Museum daneben erläutert die geologischen Voraussetzungen und lässt die schwere Arbeit unter Tage nacherleben.

34 Im „Kannenbäckerland“ Keramikmuseum Westerwald

Da hat eine Stadt drei blaue „Frankfurter Kannen“ – volkstümlich bekannt als „Äppelwoi-Bembel“ – im Wappen: Kann das etwas anderes sein als ein Zentrum der Töpferei? Höhr-Grenzhausen liegt mitten im „Kannenbäckerland“. Ein modernes Museum dokumentiert die Geschichte dieses Handwerkszweiges und ihre Fortwirkung in das kreative Schaffen der Gegenwart.

Kannenbäckerland – ein sprechender Name für eine Region, die durch ihre hochwertigen Tonvorkommen von alters her das Material für den Handwerks- und Industriezweig lieferte (→ S. 72/73). Der Kernbereich liegt heute im Südwesten des Westerwalds um die Orte Höhr-Grenzhausen und Ransbach-Baumbach. Eine Straße verband die Töpferorte mit Vallendar, wo die Waren auf Rheinschiffe verladen wurden; heute folgt dem alten Handelsweg in etwa die touristische „Kannenbäckerstraße“. Tongruben werden für die Wanderer erschlossen, beispielsweise durch die „Themenwege Ton“ rund um Boden.

Das reichlich vorhandene Rohmaterial Ton und der Waldreichtum der Gegend, der die zum Brennen erforderlichen großen Holzmengen lieferte, bildeten die Voraussetzung dafür, dass sich im Westerwald das Töpferhandwerk herausbildete, das sich seit etwa 1250 durch Funde nachweisen lässt.

Kriege und religiöse Streitigkeiten führten dazu, dass im 16. Jahrhundert berühmte Töpferfamilien aus Raeren bei Aachen und aus Siegburg abwanderten und sich in Höhr, Grenzau und Hillscheid niederließen. Sie brachten als neue Techniken die Salzglasur und die Bemalung von Krügen mit Kobaltblau mit. Berühmt waren kunstvolle, mit Reliefs verzierte Kannen, die nun auch im Westerwald hergestellt und über Köln bis in den Ostseeraum und nach Holland vertrieben wurden. Adelshäuser bestellten Krüge mit ihrem Wappen, Reichsstädte orderten hohe Kannen für die Trinkzeremonien der Patrizier.

Das Töpferhandwerk nahm einen gewaltigen Aufschwung: Um 1770 zählte man 600 Töpfermeister in 23 Orten. Das ließ die Konkurrenz zunehmen, die Zünfte erließen einengende Ordnungen, die Landesherren kassierten hohe Abgaben und Zölle. Obendrein wandten sich die zahlungskräftigen Kunden allmählich dem modernen Porzellan oder ausländischer Fayence zu. Der Reichtum des Gewerbes schwand.

Nur mehr wenige Meister konnten noch auskömmlich leben mit der Anfertigung hochwertiger weißer und blauer Kannen, der „Kaufmannsware“. Kleine Betriebe und die „Schnatzen“ – Töpfer ohne Meisterprüfung – verlegten sich auf die Produktion einfacherer Haushaltsware, des berühmten blauen Westerwälder Steinzeugs; „Krugbäcker“ fertigten braune Wasserflaschen für die in Mode kommenden Heilbrunnen in Ems oder Niederselters. Meist als Nebengewerbe

Auf solchen „Dippe-Wägen“ transportierten die Töpfer früher ihre Produkte aus dem „Kannenbäckerland“ an den Rhein, wo sie auf Schiffe umgeladen wurden zum Verkauf in Köln oder in Holland. Das Innere war dick mit Stroh gepolstert, in das mehrere Lagen von Töpferwaren aller Art eingebettet waren. Inszeniert im Keramik-Museum Höhr-Grenzhausen (Foto: Helge Articus).

produzierten „Pfeifenbäcker“ im Familienbetrieb mit einfachen Maschinen weiße Tonpfeifen, die wegen des besonders trockenen Tabakrauchs gefragt waren.

Notzeiten und Missernten im frühen 19. Jahrhundert ließen die Kleinhandwerker verarmen, viele von ihnen sahen sich zur Auswanderung gezwungen. In der zweiten Jahrhunderthälfte setzte sich die fabrikmäßige Erzeugung von Steinzeug und Steingutwaren in Formen durch: Steingut wird bei etwas geringerer Temperatur gebrannt und erhält eine Glasur. Nach den Weltkriegen verlegten sich nur noch wenige Betriebe auf die kunstgewerbliche Keramikproduktion; die Fabriken stellten Massenartikel und mehr und mehr keramische Sonderprodukte für die verschiedensten Zwecke in der Industrie her.

Die Stadt Höhr-Grenzhausen, die 1936 aus dem Zusammenschluss der historischen Ortsteile entstand, ist heute Zentrum der Westerwälder Keramik. Das moderne Keramikmuseum bietet umfassenden Einblick in die historische Entwicklung des Handwerks und in die Techniken der Töpferei. In wechselnden Ausstellungen werden die künstlerischen Produkte präsentiert, die in den wenigen verbliebenen Betrieben mit großen Brennöfen entstehen. Im Ort ist eine Berufsfachschule und eine Fachschule für Keramiktechnik ansässig, auf einem Campus der Universität Koblenz wird modernes Design für Glas und Keramik gelehrt. Jährlich im Juni veranstaltet Höhr-Grenzhausen einen Europäischen Keramikmarkt.

35 Erinnerung an den Kreuzzug
Montabaur

Ob dem Trierer Kurfürsten Dietrich II. der Name „Humbach" für seine Burg nicht gefiel? Jedenfalls: Als er 1227 vom Kreuzzug zurückkam, nannte er sie „Mons Tabor", in Erinnerung an den Berg Tabor in Palästina unweit des Sees Genezareth. Die Westerwälder haben das lateinische Wort bald eingedeutscht in „Montabaur".

Ausgangspunkt für die Ansiedlung war eine Handels- und Heerstraße, die von Koblenz nach Limburg führte – heute folgt ihr die B 49. Der Weg quälte sich hier über einen Bergsporn, der schlingenförmig von Bachläufen umrundet wurde – der ideale Ort, um einen Rastplatz mit einer Wehranlage zu errichten. 1291 erhielt die Ansiedlung Stadtrechte; eine Mauer umgab den Ort, von der noch einige Reste sowie vier Wehrtürme erhalten sind. Montabaur entwickelte sich aufgrund der guten Verkehrslage zu einem Handelszentrum im südlichen Westerwald. Ein kaiserliches Privileg verlieh den Kaufleuten des Ortes Zollfreiheit zwischen Köln, Wetzlar, Mainz und Frankfurt. Das Leder- und Textilgewerbe nahm einen gewaltigen Aufschwung, Wollweber, Tuchmacher und Färber verkauften ihre Produkte auf der Frankfurter Messe. Hammerwerke in der Umgebung lieferten das Material für die gefragten Eisenwaren.

Die wirtschaftliche Blüte der Stadt wurde freilich immer wieder unterbrochen durch verheerende Brandkatastrophen. 1491 und 1534 vernichteten Feuersbrünste die Mehrzahl der Häuser. Kaum hatte sich die Stadt von der Besetzung durch die Schweden im Dreißigjährigen Krieg einigermaßen erholt, als 1667 ein neuer Stadtbrand wütete. Die malerischen Fachwerkhäuser, die noch heute die Altstadt zieren, gehen meist auf den Wiederaufbau im 17. Jahrhundert zurück.

Die Burg Montabaur ist eine bekannte Landmarke, die alle kennen, die den Westerwald auf der Autobahn A 3 oder im ICE durchqueren. Kennzeichen sind ihre Rundtürme mit den charakteris-

tischen schiefergedeckten barocken Hauben. Sie stammen aus dem späten 17. Jahrhundert, als der Hofbaumeister Johann Christian Sebastiani, der Koblenz nach den Zerstörungen im Pfälzer Erbfolgekrieg wieder aufgebaut hatte, die alte Burg aus der Zeit der Gotik und der Renaissance zu einer modernen Trierischen Zweitresidenz ausgestaltete.

Säkularisation und Mediatisierung brachten das Ende des Fürstbistums Trier. Montabaur fiel 1803 an das Fürstentum Nassau, das die Burg als Jagdschloss verwendete. Im deutschen Bruderkrieg von 1866 stand Nassau auf Seiten der Verlierer und wurde von Preußen annektiert. Das Königreich richtete im Schloss Montabaur eine Lehrerbildungsakademie und das Landratsamt des Unterwesterwaldkreises ein. 1969 wurde das Schloss von der Deutschen Genossenschaftskasse gekauft. In der ausgedehnten Vorburg und etlichen Nebengebäuden sind heute ein großes Hotel und Tagungszentren der Akademie Deutscher Genossenschaften untergebracht.

1946 wurde der Kreis dem neuen Bundesland Rheinland-Pfalz zugeschlagen. Montabaur behielt den Kreissitz, als 1974 zusammen mit dem Kreis um Westerburg der neue „Westerwaldkreis" gebildet wurde.

1940 erreichte die Reichsautobahn (→ S. 46/47) auch Montabaur: Die Strecke war damit von Köln bis Wiesbaden durchgängig befahrbar. Die wirtschaftlichen Auswirkungen des Anschlusses an das Autobahnnetz machten sich freilich erst im Aufschwung der „Wirtschaftswunderzeit" bemerkbar. Den entscheidenden Impuls für den Aufstieg Montabaurs zu einer dynamischen Gewerbe- und Einkaufsstadt gab dann der Bau der Schnellbahnstrecke um die Jahrtausendwende (→ S. 80/81).

Montabaur, der Burgberg von Osten.

36 Handwerk von einst
Montabaur und die Schuhe

Wer durch die Altstadt von Montabaur bummelt, stößt allenthalben auf überdimensionale Damenschuhe, die in allen Farben bemalt und ausgestaltet sind. Wer kam denn auf die Idee, ausgerechnet hier hochhackige Stilettos als Dekorationselemente aufzustellen?

Montabaur bezeichnet sich gern als „Schusterstadt". In der Tat gab es in der Verwaltungs- und Schulstadt Montabaur im 18. Jahrhundert eine hohe Zahl von Handwerkern, die sich mit der Herstellung von Schuhen ernährten. Ihre Produkte verkauften sie vornehmlich auf den Märkten im Westerwald und in der näheren Umgebung bis hin zu den Tälern von Rhein und Lahn. Die höchste Zahl von Schustern verzeichnen die Dokumente in der Mitte des 19. Jahrhunderts mit 66 Betrieben. Reich wurden die Handwerker bei dieser hohen Gewerbedichte in der kleinen Stadt nicht. Dann aber setzte die Industrialisierung ein, und da fehlte den kleinen Betrieben das nötige Kapital. Bis zur Jahrhundertwende sank die Zahl der Schuster auf wenige Betriebe ab. Der Spitzname „Schuster" blieb den Montabaurern aber.

Als Symbolfigur ziert ein Schusterjunge gegenüber dem neuen Rathaus eine Hausecke; ein „Schusterbrunnen" schmückte den neu gestalteten Konrad-Adenauer-Platz gleich daneben – bei der Umgestaltung wurden seine Figuren verstreut an den Platzrand verbannt. Und als 2015 das große Ladenzentrum mit 70 Geschäften und gastronomischen Betrieben neben dem neuen ICE-Bahnhof (→ S. 80/81) eröffnet wurde, suchte man nach einer Idee, um Passanten den Weg ins Stadtzentrum zu weisen. So entstanden in einer Gemeinschaftsaktion von Stadtverwaltung, Gewerben und Vereinen „Mon-Stilettos": riesige Damenschuhe, Größe 302, rund 2 Meter hoch. Sie bestehen aus Kunstharz und wurden von Künstlern, Vereinen und Schulklassen jeweils unterschiedlich knallbunt bemalt.

Die Montabaurer Symbolfigur, der „Schusterjunge", gegenüber dem Neuen Rathaus.

Einer der „Mon-Stiletto" genannten Damenschuhe steht vor der Kirche Sankt Peter in Ketten in Montabaur. Er ist „Hände" betitelt nach den Abdrücken, die von den Gestaltern – den Messdienern der Pfarrei und einem Kindergarten – hinterlassen wurden.

37 Sprung in die Moderne
Der ICE

Montabaur bekam 1884 einen Bahnhof: Der lag nur an einer einspurigen Nebenbahn, von Nord nach Süd quer durch den Westerwald. 1910 kam eine Nebenbahn Richtung Osten hinzu. Am ehrwürdigen Stadtbahnhof Montabaur hält seit 2000 kein Regionalzug mehr – in diesem Jahr wurde der neue Bahnhofskomplex eröffnet, nicht weit entfernt, nunmehr aber an der hochmodernen ICE-Schnellstrecke Rhein–Main.

Die Unterwesterwaldbahn von 1884 verband Limburg über Siershahn mit Altenkirchen. Von Siershahn durch das Brexbachtal war ein Anschluss in Engers an die rechtsrheinische Bahnstrecke gegeben. 1910 erreichte die Westerwald-Querbahn von Herborn über Westerburg die Stadt Montabaur. Diese Nebenbahnen dienten vornehmlich der Erschließung der Bodenschätze Basalt und Ton. Große wirtschaftliche Vorteile konnte die Dienstleistungsstadt Montabaur als Eisenbahnknoten daraus nicht ziehen. Der durchgehende Personenverkehr wurde in den 1980er-Jahren auf den Regionallinien eingestellt.

Die Situation änderte sich nach dem Zweiten Weltkrieg, als die Autobahn A 3 Montabaur mit den Wirtschaftszentren an Rhein und Main verband. Die waren nun in etwa einer Stunde mit dem Auto zu erreichen. Die Bevölkerung der Stadt nahm von 4200 im Jahr 1945 auf 7500 Einwohner bis 1969 zu; bis nach der Jahrtausendwende hat sie sich auf etwa 14.000 fast verdoppelt. Heute – so die Selbstdarstellung – „hat sich die Kreisstadt als Wirtschaftsstandort etabliert, der für große Konzerne ebenso interessant ist wie für mittelständische Betriebe"; dies liegt nicht zuletzt am hochmodernen Bahnhof des ICE nördlich des Stadtzentrums.

Die Trassenführung einer Eisenbahnstrecke war immer schon eine hochpolitische Entscheidung. Vor dem Bau wurden zahleiche Varianten auf ihre Rentabilität geprüft, die Baukosten wurden gründlich durchgerechnet, betroffene Regionen wollten am wirtschaftlichen Nutzen partizipieren und ließen alle ihre politischen Verbindungen spielen. Als die Bundesregierung in den 1970er-Jahren den Bau einer Schnellbahnstrecke zwischen Köln und dem Raum Frankfurt projektierte, war das nicht anders.

Die klassische Hauptstrecke durch das enge Rheintal war heillos überlastet und ließ sich nicht ausbauen. So blieb nur der Weg rechts des Rheins durch den Westerwald. Bonn, 1949 provisorisch zur Hauptstadt der Bundesrepublik gewählt, machte sich gerade daran, sich komfortabler in dieser Rolle einzurichten, und bestand natürlich darauf, Anschluss an die Strecke zu bekommen. Das hätte einen Tunnelbahnhof unter der Stadt und eine Rheinquerung südlich davon bedeutet, zumindest einen Bahnhof im rechtsrheinischen Stadtteil Beuel. Rheinland-Pfalz brachte sein Oberzentrum Koblenz ins Spiel und schlug eine entsprechende Schleife über den Rhein vor. Derartige Pläne scheiterten an den Kosten. Ende 1989 setzte das Bundes-

Luftbild des ICE-Parks Montabaur: links die A 3, in der Mitte der ICE-Bahnhof, daneben das Geschäfts- und Bürozentrum. Die Altstadt liegt etwa einen Kilometer rechts außerhalb des Bildes.

kabinett die rechtsrheinische Linienführung über Siegburg und aus ökologischen Gründen entlang der Autobahn A 3 durch.

Für den Raum Westerwald/Mittelrhein war ein Halt vorgesehen – aber wo? Limburg bot sich an als Übergangspunkt zur Lahntalbahn, die Koblenz mit Gießen verbindet. Das hätte aber den Bau eines „Turmbahnhofs" bedeutet, um die im Tal verlaufende alte Bahntrasse an die Schnellbahn hoch auf einer Brücke über das Lahntal anzubinden. Nicht praktikabel – so kam Montabaur in das Blickfeld mit seiner günstigen Lage am Autobahnabzweig der A 48 Richtung Koblenz/Trier. Montabaur und Limburg liegen etwa 20 Kilometer auseinander – zwischen beiden verläuft aber eine Landesgrenze. Ergebnis aller Verhandlungen: ein föderaler Kompromiss – beide Städte bekamen ihren Bahnhof. Der in Limburg wurde etwa drei Kilometer südlich der Stadt auf der grünen Wiese errichtet, ebenfalls neben der Autobahn, ohne Anschluss an die Regionalbahn. Ein Teil der ICE-Züge hält so in Limburg und in Montabaur, andere wechseln sich ab.

Der Anschluss an die Schnellbahn bedeutete für die Region eine deutliche Verbesserung der Marktzugänglichkeit. Montabaur hat mit der Unterstützung des Landes den Bahnhofsbereich zu einem neuen Gewerbegebiet ausgebaut. Ein einheimischer Unternehmer, der sich vom Bankkaufmann zum Multimillionär hochgearbeitet hatte, baute hier die Zentrale eines weltweit tätigen Internet-Konzerns auf. Daneben etablierte sich ein Einkaufszentrum mit Läden von 70 bedeutenden Marken, das weit in die Region ausstrahlt. Montabaur – wie auch Limburg – ziehen mit attraktiven Lebensbedingungen durch die schnelle Erreichbarkeit des Rhein-Main-Gebiets wie des Kölner Raumes zunehmend auch Fernpendler aus den großstädtischen Zentren an.

38 Die Westerwald-Heilige
Katharina Kasper

Die Eifel hat ihren Heiligen Donatus in Münstereifel, auch den Heiligen Hermann Josef im Kloster Steinfeld. Im Kloster Schönau in Strüth im Taunus wird die Mystikerin Elisabeth als Heilige verehrt. Seit 2018 hat auch der Westerwald seine Heilige: Katharina Kasper aus Dernbach.

Anlässlich der Heiligsprechung wurde im Frühjahr 2019 im Diözesanmuseum in Limburg eine Ausstellung eröffnet: „Katharina Kasper und die Armut im Westerwald". Dieser Titel ist bezeichnend für das Leben der Heiligen in ihrer Zeit. Katharina wurde 1820 in Dernbach im Niederwesterwald geboren. Die Westerwälder Bauern hatten in der napoleonischen Zeit die persönliche Freiheit errungen, Erbuntertänigkeit und Fronwirtschaft waren abgeschafft. Auf den kargen Böden und im rauen Klima der Hochflächen konnten sie freilich nur geringe Erträge erwirtschaften. Absatzmärkte waren aufgrund der miserablen Wegeverhältnisse nur schwer zu erreichen. Hinzu kamen die Folgen der ständigen Erbteilungen einer Hofstelle, die keine wirtschaftlichen Betriebsgrößen mehr zuließen. Wenn dann auch noch wiederholte Missernten auftraten, hungerten die meist kinderreichen Familien.

Für den Kampf gegen die Armut engagierten sich viele, um den Notleidenden tatkräftig zu Hilfe zu kommen. Häufig war tiefe Religiosität Anstoß für wohltätiges Handeln. Friedrich Wilhelm Raiffeisen (→ S. 42/43) setzte sich als Beamter, getrieben von seiner pietistischen Frömmigkeit, für die Unterstützung der armen Bauern ein. In den früher trierischen katholischen Gebieten schlossen sich Gläubige in Kongregationen tätiger Nächstenliebe zusammen, die sich meist dem franziskanischen „Dritten Orden" verbunden fühlten.

Katharina Kaspar hat die Not am eigenen Leib verspürt. Der Vater, ein kleiner Bauer, verdingte sich nebenbei als Waldarbeiter. Sie musste als Tagelöhnerin mitarbeiten, um die Familie zu versorgen, für Schulbesuch blieb nicht viel Zeit übrig. 1845 schloss sie sich mit vier anderen Frauen in einem Verein zusammen, der sich zum Ziel setzte, Notleidende, Waisen und Kranke zu pflegen und zu unterstützen. Schon drei Jahre später konnten sie mit Hilfe von Dorfbewohnern in ein eigenes kleines Haus einziehen. Dort wurde auch der Limburger Bischof auf die Gruppe aufmerksam.

1851 schlossen sich die fünf Frauen zu einer Ordensgemeinschaft zusammen, der Katharina Kaspar den Namen „Genossenschaft der Armen Dienstmägde Jesu Christi" gab. Man nannte sie auch einfacher „Dernbacher Schwestern". Katharina wurde unter dem Ordensnamen Maria erste Oberin der Kongregation. Bald schlossen sich weitere Frauen dem Orden an; Niederlassungen, die sich vornehmlich der Krankenpflege und der Mädchenbildung widmeten, wurden zunächst in Camberg im Taunus, bald aber auch in verschiedenen Ländern Europas und sogar

Bildnis von Katharina Kasper in der nördlichen Seitenkapelle der Pfarrkirche Wirges; hier lag die zuständige Pfarrei, in der Katharina ihre Ordensgelübde ablegte.

in Nordamerika eröffnet. 1860 zählte die Gemeinschaft 232 Schwestern; sie wurde von Rom offiziell anerkannt und erhielt 1890 eine eigene Ordensregel.

Maria Katharina starb 1898 als Generaloberin der Kongregation, die bei ihrem Tod 1725 Schwestern in 193 Niederlassungen umfasste. 1978 wurde Katharina Kaspar vom Papst selig gesprochen, 2018 als Heilige anerkannt.

Das Kloster „Maria Hilf" in Dernbach ist das Mutterhaus des Ordens, der heute mit etwa 600 Schwestern in aller Welt tätig ist. Mehr als 20 Gesellschaften und Beteiligungen sind in einer professionell geführten Holding organisiert, die unter dem Namen der Ordensgründerin und in ihrem Geist mit vielen Tausend Mitarbeitern in der Krankenversorgung, Seniorenhilfe, Psychiatrie und Jugendarbeit tätig ist.

Ebenfalls im Westerwald, gerade etwa 30 Kilometer von Dernbach entfernt, findet sich ein anderer großer Klosterort, in dem unter ähnlichen Vorzeichen ebenfalls in der Mitte des 19. Jahrhunderts gleich zwei Kongregationen entstanden: Waldbreitbach. 1862 initiierte im Ortsteil Hausen der Schuster Peter Wirth den Orden der „Franziskanerbrüder vom Heiligen Kreuz", genannt auch die „Hausener Franziskanerbrüder", die bis heute Krankenhäuser und Heime für Alte, Behinderte und Mittellose betreiben. Ein Jahr später gründete die Müllerstochter Rosa Flesch im Ortsteil Glockscheid die „Franziskanerinnen von der allerseligsten Jungfrau Maria von den Engeln", auch „Waldbreitbacher Schwestern" genannt, die sich der Krankenpflege und der Sozialarbeit widmen.

39 Wacht am Limes
Römerturm Hillscheid

Die Chinesen präsentieren Touristen stolz die „Große Mauer“ als bauliches Wunderwerk und kulturelles Welterbe. Der bekannteste Teil wurde vor etwa 600 Jahren als Grenzwall gegen den Einfall von Nomadenvölkern aus dem Norden errichtet. Auch in Deutschland haben wir ein derartiges kulturelles Welterbe, den Limes als Grenzbefestigung im Nordosten des Römerreiches: immerhin 550 Kilometer lang, deutlich älter – aber eben nicht so spektakulär …

Als Julius Cäsar bis 51 vor Christus Gallien dem Römischen Reich als neue Provinz einverleibte, blieb er am Rhein stehen. Unter Drusus und Tiberius sicherten die Römer die Rheingrenze durch Legionslager und stießen in Feldzügen im Germanengebiet bis zur Elbe vor. Nach der berühmten Varusschlacht 9 nach Christus gaben die Römer den Versuch auf, Germanien bis zur Elbe zu erobern. Die hochstehende römische Kultur verfehlte freilich nicht ihre Wirkung auf die germanischen Stämme entlang der Grenze. Viele ließen sich Wohnplätze auf römischem Gebiet zuweisen und leisteten dafür Militärdienst in Hilfstruppen. Händler tauschten gegenseitig ihre Waren aus. Die Römer schlossen Verträge mit germanischen Gruppen am anderen Ufer; kriegerische Auseinandersetzungen gab es nur sehr begrenzt, so mit den Chatten im heutigen südlichen Hessen.

Am Mittelrhein beschränkten sich die Römer mit der Sicherung des unmittelbaren Vorfeldes. Anders südlich der Mittelgebirge: Hier drangen römische Truppen vom Rheintal allmählich in das kaum besiedelte Gebiet des Odenwaldes und an den oberen Neckar vor und sicherten die Linie durch vorgeschobene Kastelle. Kaiser Hadrian ordnete dann 120 nach Christus an, die Demarkationslinie durch einen Postenweg zu markieren und mit einer Palisade aus angespitzten Baumstämmen zu befestigen. In regelmäßigen Abständen wurden militärische Einheiten in kleinen Kastellen stationiert, hölzerne Wachtürme dienten der Alarmierung.

Diese Grenzlinie, lateinisch Limes, beginnt am Rheinufer beim heutigen Rheinbrohl und führt dann hinauf auf die Randhöhen des Westerwaldes. Warum liegt das „caput limitis“, der Beginn der Befestigung, gerade hier, mitten im Gelände? Keine markante geografische Erscheinung, kein Flusslauf oder bedeutender Ort weist darauf hin. Die Erklärung findet sich auf der anderen Rheinseite. Hier, beim heutigen Bad Breisig, mündet ein kleiner Wasserlauf aus der Eifel, der Vingstbach – und der stellte die Grenze zwischen den römischen Provinzen Ober- und Niedergermanien dar.

Im Westerwald können wir so die ersten Kilometer des römischen Bodendenkmals verfolgen. Der Limes verläuft zunächst im Abstand von drei bis vier Kilometern auf den Höhenzügen

Der Römerturm am Limesweg in Hillscheid. Er wurde 1994 nach neuesten Erkenntnissen rekonstruiert: So ein Wachturm hatte drei Geschosse, der Eingang zum Turm lag im 1. Stock und war nur über Leitern zu erreichen, die bei Gefahr hochgezogen wurden. Eine umlaufende Galerie im Obergeschoss diente als Ausguck. Die aus Naturstein errichteten Türme waren verputzt und zeigten aufgemalte Steingliederung. Den Turm ergänzt ein kleines Museum; ein römischer Garten verdeutlicht die Selbstversorgung der Legionäre.

entlang des Rheins, umgeht im Bogen das fruchtbare Neuwieder Becken und überquert dann bei Bad Ems die Lahn, um sich in südöstlicher Richtung zum Taunus hin zu wenden.

Gegen Ende des zweiten nachchristlichen Jahrhunderts wurden die Zeiten rauer und kriegerischer: die Germanen drängten nach Westen. Nun wurde der Palisadenweg militärisch gesichert durch einen vorgelegten Wall und einen tiefen Graben; die hölzernen Türme wurden ersetzt durch Bauten aus Stein. Auch die Kastelle waren nun durch Mauern geschützt.

Auf dem Limesstück im Westerwald haben sich im Gelände vielerorts deutliche Spuren von Wall und Graben erhalten. Im Abstand von etwa 600 Metern standen die Wachtürme, von denen meist nur die Grundmauern erhalten sind. Einige wurden rekonstruiert: Einer steht gleich am Beginn in Rheinbrohl; unweit davon ist das Informationszentrum „Römerwelt" zu besuchen. Weitere Türme finden sich bei Oberbieber, nahe Hillscheid und bei Arzbach. Der Limes ist durch einen markierten Wanderweg erschlossen, Informationstafeln erläutern alles Wissenswerte.

In Niederbieber bei Neuwied wurden die Grundmauern des mit einem großen Bad ausgestatteten Kastells mit einer Größe von über 5 Hektar ausgegraben. Hier war eine Reitereinheit mit 1000 Mann stationiert, die den Limesdurchgang zu sichern hatte.

254 überrannten die Alemannen den Limes, germanische Stämme fielen an verschiedenen Stellen in das von Bürgerkriegen zerrissene Römerreich ein. Bald mussten die römischen Legionäre den vorgeschobenen befestigten Limes aufgeben und sich in die Lager hinter Rhein und Donau zurückziehen.

40 Eine alte Chaussee
Stundensteine

Den Westerwald durchquerten verschiedene alte Handelswege. Die Köln–Frankfurter Straße führte auf den Höhenzügen von Siegburg nach Limburg. Ein anderer wichtiger Weg querte den südlichen Westerwald auf kurtrierischem Gebiet von Koblenz über Montabaur nach Limburg.

Bis zum Mittelalter wurden Handelswaren über Land vornehmlich von Tragtieren transportiert. Die Wege verliefen meist auf Höhenrücken, um die sumpfigen und von Hochwassern bedrohten Täler zu vermeiden. Holzschnitte des hohen Mittelalters zeigen uns zweirädrige, von Pferden gezogene Karren, seit dem 14. Jahrhundert gab es auch vierrädrige Fuhrwerke. Die Räder gruben tiefe Spuren in den weichen Boden; Hohlwege zeigen heute vielerorts noch die verzweigten Trassen im Gelände.

In den fürstlichen Territorien des 18. Jahrhunderts gewann die Förderung von Handel und Verkehr aus fiskalischen Gründen an Bedeutung. Nach holländischen und französischen Vorbildern ging man nun dazu über, die bis dahin unbefestigten Straßen von Ingenieuren möglichst geradlinig und mit einem festen Oberbau anzulegen. Dafür bürgerte sich der französische Begriff „Chaussée“ ein.

Eine Chaussee hatte eine Breite von 8 bis 10 Metern. Sie wurde dammförmig auf einem Unterbau von Steinbrocken errichtet. Die Fahrbahn war befestigt durch festgestampften feinen Kies, eine Wölbung leitete das Regenwasser in begleitende Straßengräben ab – die entsprechende Technik der alten Römer war schon lange in Vergessenheit geraten. Alleebäume dämpften mit ihrem Schatten die Staubbildung.

Die Kurtrierische Regierung in Ehrenbreitstein erließ 1753 eine erste „Wege- und Chaussee-Bauordnung“ für die Landstraßen. Die Anliegergemeinden hatten die Baumaterialien sowie Hand- und Gespanndienste zu stellen. So entstanden die Landstraßen von Trier nach Koblenz und die wichtige Poststraße von Koblenz nach Limburg, die sich dort Richtung Frankfurt und Wetzlar-Leipzig verzweigte.

Kurfüst Clemens Wenzeslaus von Trier ordnete 1789 an, Wegzeichen an der neuen Chaussee zu errichten. Auf Entfernungsangaben verzichtete man – zu unterschiedlich waren damals die Maße in den einzelnen Territorien. Für den Fuhrmann zweckmäßiger waren „Stundensteine“ am Wegrand, die ihm die Dauer der zurückgelegten Strecke und die noch bevorstehende Fahrzeit anzeigten, insgesamt etwa 21 Stunden für etwa 105 Kilometer – gemäß der durchschnittlichen Geschwindigkeit eines beladenen Wagens. Derartige Steine waren als dreieckige Obelisken angelegt; von den einst vorhandenen 14 Stundensteinen auf trierischem Territorium sind heute noch acht als Denkmäler am Weg erhalten.

Stundenstein Nr. 4 an der alten Koblenzer Straße am Stadtrand von Montabaur. Er trägt die Inschrift „IV Stunden von Coblentz“ und „XVII Stunden von Frankfurt“ mit der Jahreszahl 1789, oben zeigt er einen stilisierten Fürstenhut und das Monogramm „CT“ für „Chur-Trier“. Die verwaschene Inschrift ist auf dem Foto retuschiert.

41 Der Not entfliehen
Auf nach Amerika!

Ein Skulpturenweg nahe Montabaur führt von Wirzenborn entlang des idyllischen Gelbachtals nach Bladernheim. Gegenüber von Reckental am anderen Hochufer kommt man, nahe einem Wanderweg nach Heilberscheid, an eine große Wiese. Am Rand steht ein Wegkreuz. Was soll da zu sehen sein? Nichts. Nichts mehr.

Wäre man vor gut 160 Jahren hier vorbeigekommen, hätte man auf der Wiese elf Wohnhäuser mit gut 70 Bewohnern vorgefunden: das Dorf Sespenroth. Eine Hinweistafel klärt uns auf. Die Bewohner waren arm: Der Boden gab nicht viel her, das im Dorf verbreitete Kleingewerbe – so wurden in Heimarbeit Schnallen gefertigt – brachte nichts ein, Missernten ließen den Brotpreis ins Unerschwingliche steigen. Am 26. Februar 1852 stellten die Sespenrother an die zuständige Nassauer Regierung in Wiesbaden den Antrag, ihr Hab und Gut verkaufen zu dürfen, um nach Amerika auszuwandern.

Die Notzeiten gerade zu Beginn des 19. Jahrhunderts hatten im ganzen Westerwald – wie auch in den anderen deutschen Mittelgebirgen – zur Verarmung eines Großteils der Bevölkerung geführt. Die Bevölkerung nahm zu; Gewerbe waren nach der errungenen Niederlassungsfreiheit überbesetzt; die traditionelle „Realteilung", die Aufteilung des Erbes unter allen Berechtigten, hatte die Flächen der Bauernstellen dermaßen reduziert, dass sie Familien nicht mehr ernähren konnten – wenn dann noch verregnete Sommer und die Kartoffelfäule die Ernte verdarben, regierte der Hunger.

Die Kirchen und staatliche Stellen suchten gegen den „Pauperismus" vorzugehen (→ S. 42/43, 82/83). Viele Menschen mussten sich Zusatzeinkommen als Wanderarbeiter sichern (→ S. 98/99) oder sie zogen in die großen Städte, um sich als Industriearbeiter zu verdingen. Amerika mit der dort lockenden „großen Freiheit" bot einen anderen Ausweg. Berichte schilderten lebhaft, dass es dort täglich Fleisch zu essen gäbe und die Bratkartoffeln geradezu im Fett schwämmen. Zwischen 1820 und 1930 zogen fast 6 Millionen Deutsche in die Neue Welt, die meisten davon in die USA.

Wie lief so eine Auswanderung ab? Die Sespenrother erhielten von der Regierung die Erlaubnis, ihre Häuser auf Abbruch zu verkaufen – die Unterstützung für Mittellose belastete ja die staatlichen Armenkassen. Den Zuschlag bei der Versteigerung erhielt das Nachbardorf Heilberscheid. Am Osterdienstag 1853 stiegen 13 Familien, Männer, Frauen, Kinder, insgesamt 48 Personen, mit ein paar Habseligkeiten in die bereitstehenden Wagen. Drei Familien zogen es vor zu bleiben; sie erhielten ihren Anteil am Verkaufserlös des Dorfes und siedelten sich in Nachbarorten an.

Die Auswanderer hatten sich einem Agenten anvertraut, der die Reise über Koblenz und Köln bis Bremen organisierte und die Auswanderer mit den nötigen Utensilien ausstattete. Die Agentur sorgte auch für die Schiffspassage und die Vermittlung der Auswanderer in Amerika.

Am 11. April bestiegen die Sespenrother in Bremerhaven ein Segelschiff, am 30. Mai erreichten sie New York. Da die Kosten des Häuserverkaufs die Reisekosten nicht abdeckten, hatte die Nassauer Armenkasse noch den Rest daraufgelegt.

Die Westerwälder Auswanderer ließen sich vornehmlich in Texas nieder: Dort hatte sich ein „Verein zum Schutze deutscher Auswanderer“ etabliert, der, von Mainz aus organisiert, 1845 den von Deutschen bewohnten Ort New Braunfels gründete. Der Verein kam den Siedlern zu Hilfe, deren Träume von größerem Landbesitz und beruflichem Aufstieg sich nicht immer leicht erfüllten. 1847 gründete der in Dillenburg geborene Jurist Otfried Hans von Meusebach die Stadt Fredericksburg und sicherte als Bürgermeister ihre Existenz durch einen Friedensvertrag mit dem ansässigen Stamm der Comanchen.

Nachfahren deutscher Auswanderer aus Fredericksburg kamen vor 20 Jahren bei einer Europareise, auf der sie ihre Familiengeschichte erforschten, in Kontakt mit Namensvettern rund um Montabaur. Aus den ersten Kontakten entwickelte sich eine Städtepartnerschaft zwischen Fredericksburg und Montabaur, die 1996 offiziell besiegelt wurde. In Montabaur erhält die Deutsch-Texanische Gesellschaft den Austausch seit über 25 Jahren lebendig.

Ein Wegekreuz, errichtet zum 150. Jahrestag der Auswanderung 2003, erinnert an das einstige Dorf Sespenroth im Gelbachtal.

42 Einmal Zentrum der europäischen Politik
Bad Ems

Seit dem 24. Juli 2021 zählt Bad Ems zu den Städten mit dem Ehrentitel „Kulturelles Welterbe der UNESCO", den die Stadt zusammen mit elf anderen deutschen und europäischen Badeorten erhielt. Herausgestellt wurde damit die Blütezeit der Badekuren im 19. Jahrhundert, zugleich ein medizinisches wie auch ein gesellschaftliches Phänomen.

Der Ort war schon zu Römerzeiten bei den Legionären des Imperiums beliebt, die hier, im „rauen Germanien", den Limes zu bewachen hatten. Zwei kleine Kastelle sicherten an dieser Stelle den Durchgang des Lahn-Handelsweges durch den Grenzwall (→ S. 84/85). Nichts liebten die Römer mehr als ein warmes Bad, das ihnen hier die austretenden heißen Quellen boten.

Heilquellen – das blieb auch im Mittelalter die Bestimmung des Städtchens. Die Adelshäuser der Umgebung errichteten hier „Badetürme". An ihre Stelle traten im Barockzeitalter schlossartige „Badehäuser" der Fürsten von Oranien-Nassau und der hessischen Landgrafen.

Im 19. Jahrhundert stieg Ems dank seiner illustren Gäste an der Seite Baden-Badens, Kissingens oder Karlsbads zu einem „Weltbad" auf. In der „besseren Gesellschaft", bei den Adelsfamilien, Industriellen und Bankiers, Politikern und Künstlern, gehörte eine Badekur im Sommer zum guten Ton. In Bad Ems kurten der deutsche Kaiser wie auch der russische Zar Alexander II., der mit zahlreichen russischen Gästen anreiste. Ein Badeort bot neben den Trinkhallen, den Kolonnaden für die anschließende Promenade auch exklusive Hotels und für das gesellige Leben am Abend Theater und Konzertsaal, zudem eine Spielbank. In Bad Ems sind diese Bauten heute noch erhalten und bestens gepflegt, der klassizistische Stil der Kuranlagen, Hotels und Villen macht den besonderen Charme des Ortes aus.

Auch „große Politik" wurde in solchen Badeorten gemacht: Politiker und Regenten nutzten die gesellschaftlichen Kontakte zu Gesprächen. Ems – der Name des Ortes ist durch die „Emser Depesche" in allen Geschichtsbüchern verzeichnet.

Im Sommer 1870 herrschte in ganz Europa gespannte diplomatische Aktivität. Preußen hatte sich im deutschen Bruderkrieg 1866 gegen Österreich durchgesetzt, Frankreich beäugte argwöhnisch das Aufkommen der neuen Großmacht an seiner Ostgrenze. Da berief das spanische Parlament einen Prinzen aus dem Haus Hohenzollern-Sigmaringen, einer katholischen Nebenlinie des preußischen Herrscherhauses, als Nachfolger auf den vakanten Thron. Hohenzollern in Berlin und in Madrid – ein Alptraum für das französische Kaiserreich! Frankreich drohte mit Krieg gegen Preußen.

Gut beraten zog der Sigmaringer Prinz seine Kandidatur am 12. Juli 1870 zurück. Dennoch fing der französische Botschafter, Graf Benedetti, den Preu-

Das Kurhaus mit der Brunnenhalle und Badeanlagen – heute ein Grand-Hotel – ist der zentrale Teil des Heilbades Ems an der Lahn. Nach Westen hin schließen sich Kurtheater, Spielkasino, Kolonnaden und Parkanlagen an. Alle Gebäude erhielten als Ensemble 1913/14 die eleganten klassizistischen Fassaden.

ßenkönig Wilhelm I., der gerade in Bad Ems zur Kur weilte, am 13. Juli auf der Kurpromenade ab und bedrängte ihn, offiziell zu erklären, dass nie wieder ein Hohenzollernprinz in Spanien kandidieren werde. Der König wies dies Ansinnen zurück und erklärte, Benedetti nicht erneut empfangen zu wollen.

Das Telegramm mit der Nachricht ließ Graf Bismarck, der Lenker der preußischen Politik, in stark verkürzter Form als Pressemitteilung veröffentlichen – man konnte nun daraus lesen, dass der preußische König durch seinen Adjutanten dem französischen Botschafter die Tür gewiesen habe …

Den damaligen diplomatischen Gepflogenheiten entsprechend sah sich Frankeich in seiner nationalen Ehre gekränkt und erklärte am 19. Juli den Krieg. Der Krieg endete 1871 mit der Niederlage Frankreichs und der provozierenden Gründung des deutschen Kaiserreiches im Schloss von Versailles.

43 Ein Schöpfer des neuen Preußen
Freiherr vom Stein

Freiherr vom Stein und Preußen – das ist seit Schulzeiten ein festes Begriffspaar: Stein, Hardenberg, Humboldt und Gneisenau, das waren die Männer, die das Königreich Preußen nach der Niederlage gegen Napoleon mit ihren Reformen wieder in die Höhe brachten. Aber jetzt wandern wir doch durch den südlichen Westerwald ...?

In der Tat führt uns der Name „vom Stein" in das Städtchen Nassau am nördlichen Lahnufer. Vom Höhenzug gegenüber grüßen die Reste einer Burg, Stammsitz des Grafen- und späteren Fürstenhauses Nassau, das mit der Geschichte des Westerwaldes und des Taunus aufs Engste verbunden ist. 1093 taucht das Geschlecht erstmals in Urkunden auf als Besitzer der Laurenburg einige Kilometer östlich. Das Grafenhaus verlegte seinen Sitz auf die 1125 neu erbaute Burg Nassau, die schon bald darauf den Namen für das Geschlecht abgab. Bis zum 13. Jahrhundert erlangte das Grafenhaus bedeutenden Einfluss in der Reichspolitik, dann wurde das Territorium 1255 geteilt in die ottonische Linie nördlich der Lahn (→ S. 18/19) und in die walramische Linie mit Besitzungen südlich der Lahn (→ S. 108/109).

Etwas unterhalb der Burg Nassau liegt die Ruine der Burg Stein. Die Familie vom und zum Stein gehörte der Reichsritterschaft an. Im 17. Jahrhundert zog die Familie von der Burg um in ein komfortableres Schloss in der Stadt Nassau. Hier wurde 1757 Reichsfreiherr Heinrich Friedrich Karl vom und zum Stein geboren. Sein Vater wirkte – obwohl Protestant – als Geheimer Hofrat in Mainz für den Fürstbischof: Traditionell stellte der niedere Adel die Beamten der umliegenden Höfe und Angehörige der Stifte und Domkapitel.

Heinrich Friedrich Karl erhielt eine gründliche Erziehung, studierte zur Vorbereitung auf eine Verwaltungskarriere in Göttingen Jura, Geschichte und Wirtschaft. 1780 entschloss er sich, in preußische Dienste zu treten. Er wurde in der Bergbauverwaltung der niederrheinischen Provinzen angestellt. Dort stieg er zum Kammerpräsidenten auf; schließlich wurde ihm die Verwaltung aller rechtsrheinischen preußischen Provinzen übertragen.

1804 berief König Friedrich III. den Freiherrn vom Stein als bewährten Fachmann zum Minister für Wirtschaft und Finanzen nach Berlin. Gegenüber dem revolutionären Frankreich musste Preußen 1806 die vernichtende Niederlage von Jena und Auerstedt hinnehmen. Vom Stein lehnte es ab, sich mit Napoleon zu arrangieren; der König entließ ihn im Januar 1807.

In Nassau verfasste Freiherr vom Stein seine berühmte Denkschrift, in der er eine Reform Preußens und die Errichtung einer bürgernäheren Verwaltung anregte. Im Frühherbst 1807 berief der König den Freiherrn vom Stein erneut nach Berlin – in höchster Not: Im Frieden von Tilsit 1807 war Preußen auf die Hälfte seines Territoriums reduziert worden. Zusammen mit Karl-August von Hardenberg initiierte Stein ein umfassendes Reformwerk. Ein „Oktoberedikt" schaffte die feudale Erbuntertänigkeit der Bauern ab, eine „Städteordnung" sicherte den Bürgern Selbstverwaltung zu, Wilhelm von Humboldt reformierte das Bildungswesen, die Generäle Scharnhorst und Gneisenau organisierten das Heer neu mit der allgemeinen Wehrpflicht und der Abschaffung der adeligen Privilegien.

Viel Zeit blieb vom Stein freilich nicht für seine Reformen. Als Revolutionsgegner fiel er bei der französischen Besatzung in Ungnade und musste schon 1808 seinen Ministerposten quittieren. Aus dem Exil in Böhmen berief ihn Zar Alexander als Berater nach Sankt Petersburg, wo vom Stein mit Ernst Moritz Arndt für den deutschen Befreiungskampf wirkte.

Nach dem gescheiterten Russlandfeldzug Napoleons befreite die Völkerschlacht bei Leipzig 1813 Deutschland von der Fremdherrschaft. Freiherr vom Stein wurde Leiter der „Zentralverwaltungskommission", die sich um die Neuorganisation der vorher französisch beherrschten Gebiete kümmerte. In seinem Nassauer Schloss ließ er einen neugotischen Turm errichten, der sein Arbeitszimmer und eine Gedächtnishalle für die Befreiungskriege enthielt – eines der ersten deutschen „Nationaldenkmäler".

Am Wiener Kongress nahm vom Stein als russischer Berater teil. Dort aber scheiterte ein gesamtdeutscher Staat: Der neue „Deutsche Bund" umfasste 38 souveräne Mitglieder … Enttäuscht zog sich vom Stein auf seine westfälischen Güter zurück. Hochgeehrt als Förderer der deutschen Geschichtswissenschaft verstarb er dort 1831.

Nassau ehrte den großen Sohn 1872 mit einem Denkmal, das sich hoch über der Lahn in einem gotischen Pavillon gleich neben den Resten der Stammburg des Geschlechtes vom und zum Stein befand. Nach Kriegszerstörungen wurde es 1953 erneuert. Es zeigt den Freiherrn als Verfasser der berühmten Nassauer Denkschrift. Ein zweites Denkmal aus Bronze steht seit 2007 am Fluss in dem großen Park, der den Namen des Staatsmannes trägt.

44 Goethe und die Steine
Holzappel

Die Grafschaft Holzappel ist wohl den wenigsten Westerwald-Reisenden ein Begriff. Und dann gibt es hier auch noch ein altes Fachwerkhaus, das sich rühmt, den deutschen Dichterfürsten Johann Wolfgang von Goethe beherbergt zu haben …

Die Mineralien waren es, die den großen Dichter 1815 nach Holzappel führten. Als der junge Goethe, der sich immer mehr um seine dichterische Begabung als um sein juristisches Studium gekümmert hatte, 1776 vom jungen Großherzog Karl August als Geheimer Legationsrat nach Weimar berufen wurde, hatte er sich unter anderem der Förderung des Bergbaus in Ilmenau zu widmen. Das kam seinen Interessen für die naturwissenschaftliche Forschung, unter anderem die Geologie und die Mineralogie, entgegen. Die Bergwerke in Ilmenau zu rentablen Betrieben zu machen, gelang ihm zwar nicht; dennoch erinnert ein Mineral an sein Wirken: Ihm zu Ehren erhielt zu Beginn des 19. Jahrhunderts ein Eisenoxid, auch Brauner Glaskopf genannt, den Namen Goethit.

In Holzappel wurde seit dem 16. Jahrhundert Bergbau betrieben. Hier verläuft ein Gangzug von silberhaltigem Bleiglanz und Zinkblende, der zum Unteren Lahn-Revier zählt. Im 18. Jahrhundert wurde eine eigene Schmelze eingerichtet, um die 600 Knappen und Arbeiter fanden hier einen Verdienst. Den Ruf der Grube begründeten reiche Silbervorkommen; die Naturwissenschaftler ließen sich vor allem von den unterschiedlichen Mineralien anziehen, die in prächtigen Stücken geborgen wurden.

Geheimrat Goethe weilte 1815 zur Kur in Wiesbaden. Er nutzte den Aufenthalt auch für Studien zur Mineralogie und Geologie in der Mineraliensammlung des Nassauischen Oberbergrats Cramer. Dann reiste er an die Lahn zum Erzbergwerk Holzappel. Die dortigen Erzgänge sind durch Verwerfungen in den devonischen Schichten in mehrere Teile zergliedert. Ein in Holzappel angestellter Bergrat hatte dazu ein Werk veröffentlicht, das die geologischen Vorgänge theoretisch zu erfassen suchte.

Am 23. Juli war Goethe in Holzappel zu Gast bei Bergwerksdirektor Schneider. In seinem Reisetagebuch vermerkte er die freundliche Bewirtung und die intensiven geologischen Diskussionen mit dem Hausherrn. Heute noch ist das schöne Fachwerkhaus als „Goethe-Haus“ bekannt; eine Gedenktafel verweist auf den Besuch des berühmten Gastes.

Von dort aus reiste Goethe weiter nach Nassau zum Freiherrn von Stein (→ S. 92/93). Mit ihm zusammen machte er sich auf eine Schiffsreise nach Köln und Bonn, um für den preußischen König eine Denkschrift über „Kunst und Alterthum am Rhein“ in den gerade neu erworbenen Provinzen zu verfassen.

Holzappel, das Dorf in der Esterau, war einstmals die „Hauptstadt“ einer Grafschaft. Begründer war Peter Melan-

Das Goethe-Haus in Holzappel mit dem Brunnen, der überragt wird vom Wappenlöwen des einstigen Fürstentums Anhalt-Bernburg-Schaumburg, der letzten Landesherrschaft des Ortes im Alten Reich.

der aus Hadamar, der es während des Dreißigjährigen Krieges als Feldmarschall in Diensten des Kaisers zu beträchtlichem Vermögen und dem Grafentitel gebracht hatte. 1631 kaufte er den Nassauer Fürsten das Ländchen ab, das nun zur reichsunmittelbaren Grafschaft Holzappel wurde. 1648 fiel der neue Besitzer in einer der letzten Feldschlachten des Krieges; seine Grafschaft kam nach verschiedenen Erbfällen wieder an nassauische Seitenlinien.

Das Bergwerk Holzappel produzierte erfolgreich weiter; im 19. Jahrhundert wurden erste Dampfmaschinen eingesetzt, die Verarbeitungsanlagen wurden an die Bahnlinie im Lahntal verlegt. Als Aktiengesellschaft produzierte die Anlage weiter bis 1952. Mit über 1000 Metern Teufe gehörte sie damals zu den tiefsten Erzbergwerken in Deutschland.

Vor dem Goethe-Haus in Holzappel steht ein alter Brunnen. Er wurde 1913 errichtet als Denkmal für die Gefallenen des Krieges von 1870/71. Entwerfer war Professor Wilhelm Kreis, der zu Beginn des 20. Jahrhunderts auch „Erfinder" der Bismarck-Türme war (→ S. 40/41).

45 Auch eine Oranierstadt
Diez

Wir sind nun schon mal da im Lahntal – machen wir noch einen Schritt über den Fluss und verlassen damit das engere Gebiet des Westerwaldes. Die Stadt Diez an der Westgrenze des Limburger Beckens zeigt uns einen neuen Aspekt der Geschichte des Hauses Oranien-Nassau, dessen Stammsitz Dillenburg ist.

Auf einem steilen Porphyrfelsen erhebt sich, schon von Weitem sichtbar, eine imposante Burg über der malerischen Altstadt. Sie sicherte den Übergang einer Handelsstraße vom Rhein-Main-Gebiet über die Lahn in den Westerwald. Hier saßen seit dem 11. Jahrhundert die Grafen von Diez mit einem Herrschaftsgebiet, das sich vom Hochtaunus bis gen Montabaur und Rennerod erstreckte. Am Ende des 14. Jahrhunderts starb das Grafenhaus aus; das Erbe wurde geteilt: Die Gebiete grosso modo nördlich der Lahn fielen an das Haus Nassau-Dillenburg, die südlich der Lahn an das Haus Eppstein im Taunus, Diez selbst kam an den Trierer Erzbischof.

Erst im 16. Jahrhundert erlangte die ottonische Linie der Nassauer Diez zurück. Beim Tod des Grafen Johann VI. von Nassau-Dillenburg, des Gründers der Hohen Schule von Herborn (→ S. 22/23), wurde das Erbe 1607 wiederum unter vier Söhnen aufgeteilt. Ein Familienzweig wählte Hadamar zur Residenz (→ S. 98/99), ein anderer Diez. Die Grafen der Nassau-Dietz genannten Linie weilten vornehmlich als Statthalter in den Niederlanden, Diez wurde Nebenresidenz, die Burg zum Sitz eines Amtes.

Neue Bedeutung erlangte Diez, als 1672 die Fürstin Albertine Agnes von Oranien-Nassau die Stadt als Witwensitz wählte. Für die Prinzessin aus den Niederlanden war die mittelalterliche Burg kein passender Wohnort. Sie ließ deshalb nördlich des Ortes auf den Ruinen eines verfallenen Frauenklosters ein neues barockes Schloss errichten, das sie Oranienstein nannte. Zunächst entstand als Zentralbau das „Corps de Logis". Die Nachfolgerin Henriette Amalie ließ den Bau durch den Architekten Daniel Marot, inspiriert durch das Schloss von Versailles, zwischen 1704 und 1709 zu einer weitläufigen fünfflügeligen Anlage mit zentraler Allee und weiten Gärten ausbauen.

1702 hatte Nassau-Dietz die ältere Dillenburger Linie der Oranier in den Niederlanden beerben können – von den hiesigen Grafen stammt somit das heutige niederländische Königshaus ab. 1743 fiel auch noch Nassau-Hadamar als Erbe an. Die Fürsten von Oranien-Nassau wurden 1795 von den französischen Revolutionstruppen aus den Niederlanden vertrieben. 1806 verloren sie auch noch ihren Besitz rechts des Rheins – darunter Nassau-Dietz –, der an das napoleonische Großherzogtum Berg fiel. Das Inventar von Schloss Oranienstein wurde versteigert.

Der Wiener Kongress setzte Prinz Wilhelm Friedrich von Oranien-Nassau 1815 als König der Niederlande ein. Aus allen Nassauer Erbländern wurde das neue

Die Burg in Diez – einst Residenz der Grafen, dann Amtsgebäude und Gefängnis, heute Jugendgästehaus und Sitz des Nassauischen Heimatmuseums.

von Wiesbaden aus regierte Herzogtum Nassau gebildet (→ S. 108/109), das 1866 wiederum von Preußen annektiert wurde. Im leer stehenden Schloss Oranienstein richteten die Preußen eine Kadettenanstalt ein – bis heute ist das Militär im Besitz der Liegenschaft. Die Bundeswehr ließ die Prunkräume renovieren und brachte hier Kommandodienststellen unter; im Schloss erinnert ein von einer niederländischen Stiftung getragenes Museum an die Geschichte des Hauses Oranien-Nassau.

46 Nebenerwerb in Hungerzeiten
Wandermusikanten

„Elzer Berg" – der Name ist Autofahrern geläufig, die auf der A 3 die abschüssige Strecke mit den berüchtigten „Blitzern" von den Westerwaldhöhen hinunter ins Lahntal fahren. Ob die Gemeinde Elz froh ist über diese Werbung? Jedenfalls: Die große Straße war schon immer ihr Schicksal. Aber sie stellt sich selbst heute lieber vor als „ein Dorf für Musikanten". Wie geht denn das zusammen?

Elz entstand als Straßendorf an der „Via publica", der wichtigen Hochstraße zwischen Köln und Frankfurt. Sie führt hier über die letzten Ausläufer des Niederen Westerwalds am Limburger Becken. Und ein weiterer Faktor bestimmte die Ortsgeschichte: Die Lage zwischen dem Erzstift Trier im Nordwesten und den Nassauer Grafen im Osten und Süden. Beide Mächte stritten im Lauf der Jahrhunderte immer wieder um den Ort. Die Säkularisation brachte 1802 Elz an die Grafschaft Nassau. Heute liegt Elz am westlichen Rand Hessens und gehört zum Kreis Limburg-Weilburg.

Die hochliegenden Mittelgebirgslandschaften mit ihrem rauen Klima stürzten ihre Bewohner bei Missernten und in Notzeiten immer wieder in Armut. Gerade in der ersten Hälfte des 19. Jahrhunderts breitete sich der „Pauperismus" im Westerwald aus. Religiöse Wohltätigkeit (→ S. 82/83) und die Bemühungen des preußischen Bürgermeisters Raiffeisen um das Genossenschaftswesen (→ S. 42/43) suchten Abhilfe zu schaffen. Einen anderen Weg, das geringe Familieneinkommen zu erhöhen, bot die Wanderarbeit. Bauern verdingten sich den Sommer über als Wanderarbeiter fern der Heimat und kehrten erst zum Herbst wieder zurück. In der Zwischenzeit mussten Frau und Familie Feldarbeiten verrichten und den kleinen Stall versorgen.

Kinder, die mit 14 Jahren gerade den ohnehin spärlichen Schulunterricht abgeschlossen hatten, wurden oft als Gehilfen der „Landgänger" angeheuert. Kinder erregten besondere Aufmerksamkeit und erbettelten manchen Groschen, wenn sie vor den Kunden Harmonika spielten, Kunststückchen vollführten oder Volkslieder sangen. Hubert Hecker vom Geschichtsverein Frickhofen im benachbarten Hadamarer Land überliefert uns Beispiele für die Arbeitsverhältnisse dieser Hausierergehilfen. Da wurde vor dem Bürgermeister des Ortes ein Vertrag gemacht: Ein Vater verdingte seinen Sohn von Ostern bis Oktober als Dienstknecht bei einem wandernden Händler gegen einen Lohn von 65 Gulden und ein paar neue Schuhe; eine Anzahlung wurde sofort fällig, der Rest im Herbst. Das Einkommen war für die Familie überlebensnotwendig.

Elz war im 19. Jahrhundert bekannt als Ausgangsort für Wandermusikanten. Der Vater spielte ein Instrument und unterrichtete seine Kinder auf der Harmonika oder der Trompete. Im Frühjahr zog die Familie zu Fuß nach Norddeutschland und spielte dort in Kneipen und auf Volksfesten. Im Herbst war man wieder zurück in Elz zur großen Kirmes.

Die Gemeinde Elz beruft sich heute noch auf ihre Tradition als Musikantenstadt. Mehrere Vereine pflegen Musik und Gesang; insbesondere die große Kirmes im September liefert ihnen genügend Betätigungsmöglichkeiten.

Die Gemeinde Elz erinnert im Hof des Rathauses mit einer Bronzeplastik an die Familien der Wandermusikanten.

47 Böhmisches Glas im Fürstensaal
Residenzschloss Hadamar

Das Haus Nassau verzweigte sich in seiner langen Historie immer wieder durch Erbteilungen in verschiedene Linien und Unterherrschaften in wechselnder Größe. Einer dieser Familienzweige war in dem Städtchen Hadamar am Rand von Limburger Becken und Westerwald ansässig.

Die ottonische Linie des Hauses Nassau in Dillenburg (→ S. 18/19) hatte im 14. Jahrhundert schon einen Ableger in Hadamar. Graf Emich I. erwarb 1320 einen Hof des Klosters Eberbach im Rheingau und ließ ihn zu einer Wasserburg umbauen, in die er seine Residenz verlegte. Die Ansiedlung auf der anderen Seite des Elbbachs wurde kurz darauf zur Stadt erhoben und mit einer Mauer umgeben. 1394 erlosch diese „ältere Hadamarer Linie", das Gebiet fiel zurück an Dillenburg.

1607 begründete Graf Johann Ludwig die „jüngere Hadamarer Linie". Er hatte eine ausgezeichnete Bildung erhalten und auf seinen Studienreisen ganz Europa kennengelernt. Er ließ nach 1612 die weitgehend verfallene Burg Hadamar in ein modernes Schloss im Stil der Renaissance umbauen, was bis 1629 im Wesentlichen abgeschlossen war.

Seit 1618 hatte ganz Deutschland unter den Auswirkungen des Dreißigjährigen Krieges zu leiden. Als den calvinistischen Familienzweigen des Hauses Nassau der Entzug ihrer Länder drohte, übernahm Johann Ludwig die Verhandlungen am Kaiserhof in Wien – und hatte Erfolg. 1629 trat er als Diplomat in kaiserliche Dienste; dafür musste er aber der calvinistischen Konfession seiner Väter entsagen und zum Katholizismus übertreten. Sein herausragender Anteil am Zustandekommen des Westfälischen Friedens brachte ihm 1650 den Fürstentitel ein. 1653 verstarb der Fürst in Hadamar.

In seinem Herrschaftsbereich hatte Johann Ludwig den Katholizismus wieder eingeführt. Die Nachfolger des Fürsten setzten die katholische Gegenreformation in Hadamar fort, konnten aber die politische Bedeutung Johann Ludwigs nicht erreichen. 1711 erlosch die jüngere Hadamarer Linie; die Grafschaft wurde geteilt und kam 1743 endgültig an Nassau-Dietz (→ S. 94/95).

Damit endete auch die Glanzzeit der Residenz Hadamar. Im Schloss ließ sich die Verwaltung des Amtes nieder. Verwaltungs- und Gerichtssitz, Schulen und Lehrerbildungsanstalt – das waren künftig die Bestimmungen des Renaissancebaus. Im Ort erinnern reichgeschmückte Kirchen und Fachwerkbauten mit prachtvollen Schnitzereien an die große Vergangenheit.

Nach dem Zweiten Weltkrieg erhielt Hadamar unverhofft neue Bedeutung als Zentrum der Glasveredelung. In Nordböhmen gab es weltberühmte Glashütten. Die deutschen Inhaber und Facharbeiter wurden 1945 aus ihrer Heimat vertrieben und suchten sich im Westen neue Arbeitsmöglichkeiten. So entstanden „Glasorte" wie Neugablonz und Rheinbach, und eben auch Hadamar. Glasfachleute gründeten hier verschiedene Betriebe und errichteten 1949 eine Glasfachschule. Sie wurde 2015 mit der

Die Schlossanlage aus dem Frühbarock in Hadamar. Im Südflügel mit dem hohen Treppenturm ist die Sammlung böhmischen Glases in den fürstlichen Prunkräumen untergebracht.

Technikakademie Weilburg zusammengelegt und unterrichtet heute Studierende praxisnah in Glastechnik und Glasgestaltung.

Um das Jahr 2000 wurde das Schloss Hadamar gründlich renoviert. In den Prunkgemächern der einstigen Fürstenwohnung ist seit 2014 ein Glasmuseum eingerichtet, das herausragende Produkte der örtlichen Glasgestalter präsentiert.

48 „Als ob die Figuren tanzten …"
Hadamarer Barock

In der Kunstgeschichte des Westerwaldes fand die Zeit der nassauischen Fürstenresidenz einen Niederschlag in der Bezeichnung „Hadamarer Barock". Drei Generationen hochbegabter Holzschnitzer lieferten Kunstwerke in die Region und darüber hinaus.

Im Jahr 1629 war Graf Johann Ludwig von Nassau-Hadamar zur katholischen Konfession übergetreten (→ S. 98/99) – ein Schritt, den die übrigen Mitglieder des evangelisch-reformierten Grafenhauses missbilligten. Den Katholizismus führte er auch in seiner Grafschaft wieder ein. Bald darauf holte er die Jesuiten ins Land, etwas später den Franziskanerorden. Die Jesuiten übernahmen die Seelsorge in der Stadt, sie widmeten sich insbesondere der Jugenderziehung. 1650 schenkte das Fürstenhaus dem Orden ein großes Grundstück in der Stadt, auf dem die Jesuiten ihr Kloster und eine Lateinschule errichteten. Beide Gebäude überragen heute noch das Stadtzentrum.

Die Wiedereinführung der katholischen Konfession im Fürstentum Nassau-Hadamar brachte dem Territorium des Erzstiftes Trier im südlichen Westerwald eine Erweiterung nach Norden, die in das protestantische Gebiet hineinragte. Die Lutheraner hatten keinen Bedarf an Heiligenfiguren oder Nebenaltären zur Ausschmückung ihrer Kirchen, insbesondere die Reformierten verbannten auch alle Gemälde und Wandfresken aus ihren Gemeinderäumen. Demgegenüber ließen die Fürsten in Hadamar ihr Schloss ausgestalten, sie brauchten für die im Barockstil neu erbauten Kirchen und Kapellen Kunstschreiner und Bildhauer.

Geeignete Künstler machten sie in Franken ausfindig. 1692 ließ sich der Bildhauer Johann Valentin Neudecker in Hadamar nieder. Er stammte aus der kurmainzischen Stadt Miltenberg am Main. Von dort zog bald ein Kollege, Zacharias Nagel, nach. Neudecker bildete in seiner Werkstatt seinen Sohn als Nachfolger aus, dem sich bald fränkische Bildhauer aus der jüngeren Generation anschlossen, Johann Georg Düringer und Martin Volk.

Diese Künstler entwickelten in ihren Werkstätten einen eigenen bewegten Stil, den die Kunsthistoriker als „Hadamarer Schule" bezeichnen. Ihr Ruf verbreitete sich bald über die Grenzen des Fürstentums hinaus. Ihnen kam zugute, dass die nächsten bekannten Bildhauerwerkstätten weit entfernt in Mainz, Trier oder Würzburg lagen; das verschaffte ihnen Aufträge für Kirchen auch im Rheingau, im Siegerland oder in Fulda.

Die Glanzzeit der Hadamarer Bildschnitzer ging zu Ende, als sich im letzten Viertel des 18. Jahrhunderts der Geschmacksstil änderte. Die theatralischen Gesten der Figuren und der reiche Schmuck der Schnitzereien an Kanzeln und Orgelgehäusen gefielen den Auftraggebern nicht mehr: Es kündigte sich der zurückhaltende Dekorationsstil des Klassizismus an.

Zwei Figuren aus einer Kreuzigungsgruppe, die Johann Valentin Neudecker aus Hadamar 1699 für das Stift Sankt Lubentius in Dietkirchen anfertigte: Maria, die Mutter Gottes, und Johannes, der Lieblingsjünger Jesu. Die Gestalten stehen neben dem Kreuz und blicken auf Jesus – dabei zeigen die Figuren jeweils eine angedeutete dreifache Drehung des Körpers. Lassen wir einen Kunsthistoriker im Kirchenführer die Werke einordnen: „Die raumgreifenden Figuren mit ihrer Wucht in der Bewegung und der faltenreichen Drapierung des voluminösen Gewand- und Mantelstoffes stellen ihre Trauer in Gestik und Mimik voll Inbrunst und Überzeugung dar." (Gabriel Hefele)

49 „Eine sehr große Last“ Gedenkstätte Hadamar

Denkmäler der Geschichte, das sind ehrwürdige Gebäude oder Kunstwerke in prunkvollem Rahmen, aber auch Orte, die uns schreckliche Vorkommnisse ins Gedächtnis rufen. So ist der Name Hadamar mit der Erinnerung an eines der dunkelsten Kapitel unserer Geschichte verbunden.

Hadamar wird überragt von einem nüchternen Kirchenbau hoch über dem Lauf des Elbbaches. Hier befand sich einst die erste Pfarrkirche der Stadt, Sankt Ägidius. Graf Johann Ludwig schenkte die Kirche den Franziskanern, die hier 1637 ein Kloster errichteten. Die Krypta unter der Kirche wurde zur Grablege der Hadamarer Fürsten. Dem Orden oblag die Seelsorge vornehmlich im Umland.

Die Säkularisation bedeutete Anfang des 19. Jahrhunderts das Ende des Klosters. Bis 1816 wurde es noch als „Aussterbekloster“ für die letzten Franziskanerpatres verwendet und dann aufgelöst. Nach einigen Besitzwechseln fiel es an den Fiskus, der 1828 in den Gebäuden eine Hebammenschule einrichtete.

Zwischen 1880 und 1883 errichtete der neue Landesherr Preußen auf dem „Mönchsberg“ neben den alten Klostergebäuden eine „Corrigendenanstalt“ für den Regierungsbezirk Wiesbaden. Es entstand ein breit hingelagerter dreiteiliger Ziegelbau: in der Mitte der Verwaltungstrakt mit den Wohnräumen des Direktors, auf den Seiten ein Trakt für Männer und einer für Frauen, verbunden durch Arbeits- und Essräume. In dieses Arbeitshaus wurden Bettler, Landstreicher und Prostituierte eingewiesen, nachdem sie ihre Strafe verbüßt hatten; durch harte, streng überwachte Arbeit sollten sie an ein normales Leben in der Gesellschaft gewöhnt werden.

1906 wurde das Arbeitshaus geschlossen und in eine „Landes-Pflegeanstalt für Geisteskranke“ umgewandelt. Die Psychiatrie versuchte in den folgenden Jahren mit unterschiedlichen Methoden, unter anderem einfachen handwerklichen Arbeiten und landwirtschaftlicher Tätigkeit, die Patienten soweit möglich auf ein selbstständiges Leben vorzubereiten.

Als die Nationalsozialisten 1933 an die Macht kamen, änderte sich die Situation grundlegend. Nach der von ihnen propagierten menschenverachtenden Ideologie wurde es nun offizielles Ziel der Politik, „Ballastexistenzen des deutschen Volkes“ auszurotten. Seit dem 19. Jahrhundert hatten die Lehren des Rassismus die „weiße Rasse“ in der höchsten Ausprägung des „nordischen Menschen“ als überlegen dargestellt, alle übrigen Rassen galten als minderwertig. Hinzu kam der ausgeprägte Antisemitismus. Vor allem geistig Behinderte galten als „lebensunwertes Leben“, das man zum Besten der Gesunden auslöschen konnte.

Bereits am 14. Juli 1933 erließ der gleichgeschaltete Reichstag ein „Gesetz zur Verhütung erbkranken Nachwuchses“, das die Zwangssterilisierung erbkranker Menschen vorsah. Durch weitere Gesetze wurde die sogenannte

„Rassenhygiene“ weiter institutionalisiert. Im Oktober 1939 unterzeichnete Hitler persönlich eine Anordnung zur „Euthanasie“, der Tötung behinderter Menschen durch Medikamente, den systematischen Entzug von Nahrung oder medizinische Versuche.

Anfang 1940 wurden die deutschen Landesheilanstalten in das Euthanasieprogramm einbezogen. Sechs von ihnen als Tötungsanstalten, 1941 auch das Haus in Hadamar. Sie wurden mit Gaskammern ausgerüstet, in denen Kranke mit Kohlenmonoxid umgebracht wurden. Überall aus Deutschland und im Krieg besetzten Ländern wurden geistig Behinderte über Zwischenlager in die Tötungsanstalten transportiert. Bis August 1941 wurden 10.000 Menschen in Hadamar umgebracht. Auch nach dem Ende der von Berlin aus gesteuerten Aktion ging das Morden weiter, nunmehr „dezentralisiert“ unter der Verantwortung der jeweiligen Anstaltsleitungen – erneut starben hier über 4000 Menschen.

Am 26. März 1945 befreiten amerikanische Soldaten die Heilanstalt und deckten die vorangegangenen Morde auf. Die Verantwortlichen wurden vor Militärgerichten und in weiteren Verfahren abgeurteilt.

Es folgte eine lange Zeit, in der die Erinnerung an die in der Heil- und Pflegeanstalt begangenen Verbrechen verdrängt wurde. Erst in den 60er-Jahren gestaltete man den Anstaltsfriedhof in eine Gedenkstätte um. 1983 stieß eine Gruppe von Studenten die Erforschung der Untaten und Morde an; im Keller der Anstalt wurde eine Ausstellung eingerichtet. 1991 eröffnete der Landeswohlfahrtsverband Hessen als Träger des Hauses eine Gedenkstätte mit ausführlicher Dokumentation und machte die Reste der Gaskammer und des Krematoriums zugänglich. Als „Gedenkstätte Hadamar“ ermöglicht sie den Besuchern, die Erinnerung an die Ermordeten lebendig zu erhalten, und regt zur Auseinandersetzung mit den verbrecherischen Taten an.

1964 wurde der Anstaltsfriedhof auf dem Mönchsberg zu einer Gedenkstätte für die in der Heilanstalt umgebrachten Menschen umgestaltet.

50 Die Gottesburg
Stift Sankt Lubentius

Im Lahntal gilt der Limburger Dom, der auf hohem Felsen den Fluss überragt, zu Recht als Inbegriff der rheinischen Romanik. Weit weniger bekannt, aber von der Wirkung auf den Betrachter ebenso beeindruckend ist das Stift Sankt Lubentius ganz in der Nähe, in Dietkirchen.

Der doppeltürmige romanische Bau thront auf einem schroffen Kalkfelsen über der Lahn. Die Anlage ist noch einiges älter als der Bau des heutigen Limburger Doms. Auf dem Felsen mag sich bereits ein keltisches Heiligtum befunden haben. Die christlichen Glaubensboten, die im 7. Jahrhundert nach und nach von der Mosel ins Lahntal zogen, bauten auf dem Platz eine kleine Kirche; nahebei befand sich die wichtigste Gerichtsstätte des fränkischen Lahngaus; ein Handelsweg überquerte auf einer Furt die Lahn. Wir dürfen davon ausgehen, dass von diesem Zentrum aus die Christianisierung der Umgebung erfolgte.

Die Legende verbindet Sankt Lubentius mit dieser Mission. Der Heilige wirkte im 4. Jahrhundert an der unteren Mosel, aber erst im 9. Jahrhundert wurde er zum Kirchenpatron. Mit Unterstützung der Karolinger dehnte das Erzstift Trier damals seine Kirchenorganisation nach Osten aus. Erzbischof Hatti gründete 817 am Koblenzer Rheinufer ein Stift, in das er zur Erhöhung des Rangs 836 die Gebeine des Heiligen Kastor aus Karden übertrug. An der Lahn gründete er ein Stift in Dietkirchen, das um 840 die Reliquien des Heiligen Lubentius aus Kobern erhielt. Dietkirchen wurde Sitz eines Archidekanats, von dem aus die Pfarreien östlich des Rheins bis hinauf in den hohen Westerwald verwaltet wurden.

Der heutige Bau der Kirche Sankt Lubentius geht auf die Zeit der Frühromanik im 11. Jahrhundert zurück, mit einem hohen Mittelschiff, schwer lastenden Mauern und kleinen Fenstern. Eine flache Holzdecke schließt das Kirchenschiff nach oben ab. Im 12. Jahrhundert wurde die Kirche erneuert und erhielt Seitenschiffe mit rundbogigen Arkaden; die beiden Türme erhöhte man durch zwei Geschosse und setzte später noch Turmhelme in der charakteristischen rheinischen Rautenform auf. Für die Anbauten und Stiftsgebäude musste man auf dem engen Felsen gewaltige Stützmauern errichten.

Im 13. Jahrhundert lief die aufstrebende Handelsstadt Limburg mit ihrer Lahnbrücke Dietkirchen den Rang ab, das sich noch den jährlichen Lubentius-Markt erhalten konnte. Ort und Stift hatten unter den konfessionellen Kriegen des 16. und 17. Jahrhunderts schwer zu leiden. Erst am Ende des 17. Jahrhunderts erhielt die Stiftskirche eine neue barocke Ausstattung durch Bildhauer aus Limburg und Hadamar (→ S. 103), darunter Seitenaltäre und reich verzierte Grabdenkmale aus dem in der Nähe gebrochenen Lahnmarmor.

Das Stift wurde in der Säkularisation aufgehoben und fiel an Nassau. Die Kirche diente nun als Pfarrkirche. Seit 1971 ist Dietkirchen Stadtteil von Limburg.

Die ehemalige Stiftskirche Sankt Lubentius überragt das Lahntal.

51 Ein Monarch für Luxemburg
Weilburg

Mit einem Abstecher nach Weilburg verlassen wir streng genommen wieder den Westerwald – die Altstadt liegt auf dem linken, taunusseitigen Ufer der Lahn. Indes treffen wir hier erneut auf eine der nassauischen Residenzen und auf ein barockes Stadtbild, das jeden Umweg lohnt.

Auf der Weilburger Lahnschleife gab es eine Burg der fränkischen Konradiner – von hier aus ließ sich die alte Handelsstraße von Trier über Koblenz–Montabaur–Limburg–Wetzlar in Richtung Leipzig kontrollieren. Graf Adolf von Nassau aus dem walramischen Zweig der Grafen von Nassau (→ S. 92/93) erwarb 1294 die Herrschaft Weilburg und verlieh dem Ort die Stadtrechte. Die Erwerbung verband den Stammbesitz des Hauses an der unteren Lahn mit den Besitzungen im Dillgebiet und im Hohen Westerwald. Zudem gelang es den Weilburger Nassauern, ihren Besitz auch nach Süden in den Taunus und nach Wiesbaden auszuweiten. Aber 1355 gab es wieder mal eine Erbteilung, in die Linien Nassau-Weilburg und Wiesbaden-Idstein. Die Weilburger konnten am Ende des 14. Jahrhunderts Besitzungen im weit entfernten Saarland und in der Pfalz erwerben.

1535 begann Graf Philipp III., auf den Resten der mittelalterlichen Burg eine moderne Residenz im Stil der Renaissance zu errichten. Das Hochschloss präsentiert sich heute als Vierecksbau mit einem stimmungsvollen Innenhof, der für Schlosskonzerte verwendet wird.

Der Dreißigjährige Krieg zog Weilburg schwer in Mitleidenschaft. Eine neue Blütezeit begann unter Graf Johann Ernst (1683–1719), der seinen Hofbaumeister Julius Ludwig Rothweil (→ S. 32/33, S. 60/61) damit beauftragte, die Residenz im barocken Stil zu erweitern. So entstand südlich des Schlosses um einen Gartenhof die Orangerie als Festsaalgebäude. Die Gartenanlagen wurden in dem zur Lahn hin abfallenden Gelände auf Terrassen geschickt erweitert, 1712 schloss eine nach dem Vorbild des Trianon in Versailles errichtete Untere Orangerie die Gartenlandschaft ab. Nach Norden hin wurde das Schloss um einen Marstall und Regierungsgebäude ergänzt. Bindeglied zur Stadt ist die Schlosskirche am Marktplatz, die anstelle eines Vorgängerbaus vom Architekten Rothweil entworfen wurde. Der dem Platz zugewandte Gebäudeteil beherbergte das Rathaus der Stadt, daneben liegt die evangelische Kirche, die als Querbau konzipiert ist: Altar, Kanzel und Orgel schmücken die Längsseite (→ S. 24/25). Der gemeinsame Turm dient beiden Bauteilen, obendrein trug er früher einen großen Tank, der das Schloss und die Brunnen der Stadt mit Wasser versorgte.

Die ständigen Zersplitterungen der nassauischen Grafschaften, die nach dem alten salischen Gesetz jeweils unter allen Erbberechtigten aufgeteilt wurden, sollten erst im 18. Jahrhundert ein Ende finden. 1783 bildeten alle drei Fürstenhäuser einen Erbverein, der die Primogenitur einführte

Auf dem Felsplateau über der Lahn erstreckt sich die Weilburger Schlossanlage.

und das Familiengut künftig zusammenhielt. Die Umwälzungen der napoleonischen Zeit taten dann ihr Übriges: 1803 wurden Nassau für den Verlust der linksrheinischen Gebiete Territorien der früheren Erzbistümer Trier und Mainz rechts des Rheins übertragen, 1806 entstand das Herzogtum Nassau als Mitglied im Rheinbund. Weilburg wurde nun für zehn Jahre die alleinige Residenz; diese Funktion verlor es aber an die neue Hauptstadt Wiesbaden, als der Wiener Kongress 1815 das Herzogtum in neuen Grenzen bestätigte.

Im deutschen Bruderkrieg von 1866 kämpfte Nassau auf der Seite der Verlierer, Österreichs und der süddeutschen Staaten. Es wurde von Preußen annektiert und als Provinz Hessen-Nassau in das Königreich eingegliedert. Herzog Adolf erhielt eine stattliche Entschädigung und durfte noch die Schlösser Weilburg und Biebrich behalten. 1890 schließlich kam er zu neuen Ehren, als er, der letzte der walramischen Linie, mit dem Titel Großherzog das nassauische Erbe in Luxemburg antreten konnte. Bis 1935 gehörte das Schloss Weilburg dem Haus Luxemburg, das es 1935 – mit Ausnahme der fürstlichen Grablege in der Krypta der Schlosskirche – an Preußen verkaufte.

Die einstige Residenz Weilburg, anerkannter Luftkurort, ist heute zweiter Sitz der Kreisverwaltung und hat einen guten Ruf als Schulstadt.

52 Ein einzigartiges Technikdenkmal
Schiffstunnel Weilburg

Die ehemalige nassauische Residenz Weilburg lohnt den Besuch nicht nur wegen der malerischen Altstadt über der Lahn. Wer erwartet schon, dass sich in den einstigen Verwaltungsbauten des Schlosses ein Bergwerksmuseum befindet mit einem richtigen Stollen im Felsen unter der Stadt? Und dass unter dem schmalen Mühlberg, der die Altstadt mit dem südlichen Bergrücken verbindet, Schiffe durchfahren?

Mehrere Orte strahlten als alte Herrschafts- und Kulturzentren vom Lahntal in den Westerwald im Norden aus. Die Lahn ist über weite Strecken tief in das Bergland eingeschnitten. Sicherlich haben sie schon die Römer bis zu ihrem Emser Kastell mit Kähnen befahren; aber der enge Flusslauf, Stromschnellen und Sandbänke sowie die Wehre der Wassermühlen ließen an durchgehenden Schiffsverkehr nicht denken.

Es war wohl das Vorbild der Kanäle, die Graf Johann VI. von Nassau-Dillenburg bei seinem Bruder Wilhelm in den Niederlanden kennengelernt hatte, das ihn am Ende des 16. Jahrhunderts veranlasste, die Beseitigung von Hindernissen im Unterlauf der Lahn zu verordnen. Nun konnten Kähne wenigstens bis Diez fahren, um vor allem Produkte aus den Steinbrüchen zum Rhein zu transportieren.

Erst im 19. Jahrhundert ging man an eine weitere Schiffbarmachung der Lahn. Der Zusammenschluss der nassau-oranischen Länder im Norden mit den nassau-weilburgischen Gebieten im Süden 1806 machte die beträchtlichen Mittel frei, die man für den Ausbau der Lahn bis zur Hauptstadt Weilburg in den Jahren 1808 bis 1810 brauchte.

In den politischen Umbrüchen der napoleonischen Zeit bekam Weilburg im Osten einen neuen mächtigen Nachbarn: 1815 fiel die ehemalige Reichsstadt Wetzlar an Preußen. Wetzlar war Zentrum der Eisenindustrie im Lahn-Dill-Gebiet, und Preußen strebte danach, seine Neuerwerbung mit den Montangebieten im Siegerland und der Rheinprovinz mit der Festung Koblenz zu verbinden. Lange Verhandlungen und Sondierungen führten 1844 schließlich zu einem Staatsvertrag über den Ausbau der Lahn bis Gießen. Neue Schleusenanlagen wurden konzipiert sowie Normen für Lastkähne und Flussprofile erlassen.

Einen besonders kritischen Punkt stellte die Lahnschleife in Weilburg dar. Man entschied sich schließlich, die Landzunge mit einem Tunnel zu durchstechen – ein technisch besonders schwieriges Unterfangen. Vorbilder für Kanaltunnel gab es vor allem in England; für die Vortriebstechnik zur Erstellung lieferte der einsetzende Eisenbahnbau die ersten Erfahrungen. Der Tunnelbau in Weilburg konnte 1843 beginnen, er war 1847 vollendet.

Mit dem Durchbruch begann man von beiden Seiten her. Bald zeigte

Die südliche Einfahrt zum Schiffstunnel mit der Doppelschleuse.

sich, dass der Fels recht brüchig war. Das zwang dazu, den Tunnel innen auszumauern – entsprechend stiegen die Baukosten um das Zweieinhalbfache. Der Schiffstunnel ist 195 Meter lang und 5,6 Meter breit; er konnte von Kähnen mit 300 Tonnen Frachtvermögen benutzt werden.

Der Flusslauf der Lahn zeigt zwischen Einlass und Ausfahrt des Tunnels einen Höhenunterschied von etwa 4,5 Metern; das machte am Südportal den Einbau einer Doppelschleuse erforderlich.

Es dauerte aber nicht lange, dann lief ein neues Verkehrsmittel dem Kanal den Rang ab: 1863 erreichte die Lahntal-Bahn von Niederlahnstein her Wetzlar. Seit dem frühen 20. Jahrhundert verkehren auf der Lahn vornehmlich Sportboote und Kanus.

Der Kanaldurchstich verbleibt als in Deutschland einmaliges Denkmal. Er liegt in unmittelbarer Nachbarschaft zum Eisenbahntunnel von 1862 und dem modernen Tunnel der Umgehungsstraße von 2004.

53 Wackelige Stützen
Eisenbahnbrücke Westerburg

Ein Brückenpfeiler – gemeinhin ist das ein Symbol für Solidität, Festigkeit, Standhaftigkeit. Und da präsentiert uns die Stadt Westerburg eine Eisenbahnbrücke als technisches Denkmal, das sich auszeichnet durch seine „Pendelstützen" …

Bewegliche Stützen? In der Tat ist das eine Bauweise, die am Ende des 19. Jahrhunderts angewendet wurde. Die Erklärung dafür liefert uns eine kurze Erinnerung an den Physikunterricht: Die 1906 fertiggestellte Brücke ist aus Eisen gebaut – und Eisen hat die Eigenschaft, sich in der Wärme auszudehnen und bei Kälte zu schrumpfen. Die Eisenkonstruktion der Brücke über das Hülsbachtal in Westerburg ist 226,2 Meter lang, das aber nur bei einer Temperatur von 10 Grad Celsius: Im Sommer ist sie 10 Zentimeter länger, im Winter 10 Zentimeter kürzer.

Die Ingenieure der Eisenbahngesellschaften stellten dieses Phänomen bei ihren Plänen natürlich in Rechnung. Eine eiserne Brücke über das Tal in rund 30 Metern Höhe kam deutlich billiger als ein herkömmliches Viadukt aus gemauerten Bögen. Den Brückenkörper aus fachwerkartig vernieteten Eisenträgern lagerte man beweglich mit Rollen auf den steinernen Widerlagern an den Talseiten. Für die Pfeiler reichte es bei der eingleisig konzipierten Bahnstrecke aus, vier metallene Stützen zu verwenden. Damit diese den Bewegungen des Brückenkörpers folgen konnten, wurden sie mit Gelenken an den steinernen Fundamenten und am Tragwerk befestigt.

Von dieser Technik kam man um 1910 wieder ab: Die einfachen beweglichen Stützen ersetzte man durch quadratische, fest im Boden verankerte Turmpfeiler aus Metall oder gleich durch aufgemauerte Pfeiler, die der zunehmenden Beanspruchung durch die modernen Züge besser gewachsen waren. Der

Die Pendelstützen sind beweglich auf den Fundamenten gelagert.

Blick auf das Hülsbachtal-Viadukt in Westerburg, heute ein Denkmal früherer Eisenbahntechnik.

Brückenträger wurde dann auf Rollen gelagert – eine Technik, die man heute allenthalben bei Brücken aus Eisen oder aus Stahlbeton beobachten kann.

Die Bahnlinie über das Viadukt erreichte Westerburg 1907. Sie war Teil der Westerwald-Querbahn von Herborn nach Montabaur, die man zur Ergänzung der bestehenden Bahnlinien baute, vornehmlich um die Bodenschätze im nordöstlichen Teil des Westerwalds zu erschließen: Basalt (→ S. 36/37), Braunkohle (→ S. 12/13) und Ton rund um Wallmerod. 1906 wurde der erste Abschnitt von Herborn über Driedorf nach Rennerod eröffnet, 1907 erreichte man in Westerburg den Anschluss an die Oberwesterwaldbahn von Limburg nach Altenkirchen, die Weiterführung über Wallmerod nach Montabaur wurde 1910 vollendet.

Der Personenverkehr im östlichen Teil der Bahnlinie wurde schon in den 1960er-Jahren wegen Unrentabilität eingestellt, der Güterverkehr folgte wenige Jahre später. Heute ist nur noch der Abschnitt Montabaur-Wallmerod für Güterzüge in Betrieb.

Seit 2013 betreibt eine Interessengemeinschaft Westerwald-Querbahn die Renovierung der Strecke Westerburg-Rennerod als Touristikbahn. In einem Lokschuppen in Westerburg hat sich ein lebendiges Eisenbahnmuseum etabliert, in dem alte Loks restauriert und betriebsfertig gehalten werden.

54 Einmal Bergmann spielen
Grube Fortuna

1983 schloss die Erzgrube Fortuna in Solms-Oberbiel als letzte Förderstelle im einst bedeutsamen Lahn-Dill-Revier. Bedeutsame Überbleibsel der Anlage konnten als Besucherbergwerk erhalten werden und locken mit vielfältigen Aktivitäten als Teil der Route der Industriekultur Mittelhessen zahlreiche Besucher an.

Im östlichen Teil des Rheinischen Schiefergebirges, der Lahn-Dill-Mulde, setzten sich vor etwa 350 Millionen Jahren Eisenoxide am Boden des Devonischen Meeres ab. Auffaltungen bei der späteren Gebirgsbildung haben diese Schichten übereinandergeschoben und durch Verwerfungen zersplittert. Erzgänge fanden sich so recht häufig, sie waren oft jedoch nur wenig ergiebig und schwer auszubeuten.

Wie im nördlich benachbarten Siegerland haben schon die Kelten im Raum Wetzlar Erze geschürft und mit Holzkohle verhüttet. Auch im Mittelalter gab es Rennöfen und Waldschmieden, in denen Unternehmer im Auftrag ihrer Territorialherren Metalle erschmolzen und verarbeiteten. Nassauische Eisenwaren und reliefverzierte Ofenplatten hatten einen guten Ruf.

Zunächst gewann man die Erze vornehmlich im Tagebau in „Pingen“, an den Stellen, an denen Erzadern an der Oberfläche austraten. Um tiefere Schichten zu erreichen, musste man Schächte graben, Förderanlagen bauen, Stollen zur Entwässerung anlegen. Das erforderte Spezialwissen und hohen Finanzeinsatz. Abhilfe brachte die Verwendung von Maschinen im 19. Jahrhundert. Die Lahn wurde 1810 bis Weilburg schiffbar gemacht; der Weilburger Tunnel eröffnete 1847 den Wasserweg bis Gießen. Wirtschaftlich am bedeutendsten war der Eisenbahnbau. Die Lahntalbahn von Oberlahnstein nach Wetzlar wurde 1863 fertiggestellt. Strategische Bedeutung erhielt sie nach dem Krieg von 1870/71 als Teilstrecke der „Kanonenbahn“, die Preußen mit der Festung Koblenz und dem Reichsland Elsass-Lothringen verband. Das Dilltal erhielt 1862 Bahnanschluss an die preußische Siegtal-Strecke. Der direkte Weg über Siegen in das Ruhrgebiet wurde erst 1915 eröffnet.

Am Beispiel der Grube Fortuna in Solms-Oberbiel lässt sich die Entwicklung des Erzbergbaus im Lahn-Dill-Revier gut nachzeichnen. Im Winkel zwischen Lahn und Dill westlich von Wetzlar wurden von den Landesherren, den Fürsten von Solms-Braunfels, in verschiedenen Gruben Eisenerze abgebaut, die in der fürstlichen Schmelze in Aßlar an der Dill verhüttet wurden. Die Hütte hatte sich seit dem Dreißigjährigen Krieg zur mittelhessischen Waffenschmiede entwickelt. 1849 erhielt Fürst Ferdinand zu Solms-Braunfels die Schürfrechte im ausgedehnten Grubenfeld Fortuna. Der Fürst ließ nach 1860 neue Stollen und tiefe Schächte anlegen, mit denen hochwertige Roteisenstein-Lager erschlossen werden konnten. Eine Seilbahn verband ab 1878 die Grube mit der neuen Georgshütte in Burgsolms.

Im Winterkleid kommt der Bau des Krupp'schen Maschinenhauses von 1907/08 besonders gut zur Geltung. In der Mitte ein Wasserturm. Das Gebäude wartet auf seine Renovierung. Davor ist ein moderner dieselbetriebener Fahrlader zur Erzförderung abgestellt. (Grube Fortuna, Foto Michael Volkwein)

1906 verkaufte der Fürst seine Erzgruben an die Firma Friedrich Krupp in Essen – die Finanzkraft des Adelshauses reichte bei Weitem nicht mehr aus. Das Unternehmen ließ die Anlagen gründlich modernisieren und ausbauen. Ein neuer Maschinenschacht wurde abgeteuft, moderne Grubenbahnen förderten das Erz aus den Stollen. Bis 1916 wurde die Grube zur bedeutendsten Förderstätte im Lahn-Dill-Gebiet, die Erze wurden vornehmlich an die Hüttenwerke an der Ruhr und bis nach Oberschlesien verkauft.

Die Erzförderung der Grube Fortuna erreichte 1916 ihren Höhepunkt; danach machte sich die Konkurrenz der billigeren Erze aus Übersee bemerkbar. Die Wirtschaftskrise nach dem Ersten Weltkrieg brachte Massenentlassungen mit sich, trotzdem wurde der Betrieb immer weitergeführt und schrittweise modernisiert.

In den „Wirtschaftswunderjahren" nach dem Zweiten Weltkrieg blühte die Bergbauaktivität noch einmal auf bis zum „Zechensterben" der 60er-Jahre. Als 1983 der letzte Hochofen im Buderus-Werk Wetzlar seinen Betrieb einstellte, war damit auch das Ende der Zeche Fortuna besiegelt.

Es gelang, wesentliche Teile der Anlagen zu erhalten und als Besucherbergwerk zu betreiben. Gäste fahren mit der Grubenbahn in den Stollen ein, werden im Förderkorb auf die 150-Meter-Sohle befördert und bekommen dort an Ort und Stelle funktionsbereite Maschinen vorgeführt. Auf dem Zechengelände ist daneben auch ein Grubenbahn-Museum mit einer reichhaltigen Sammlung von Lokomotiven und Feldbahnen eingerichtet.

55 Die klingende Höhenburg
Burg Greifenstein

Sie überragt auf einer Anhöhe den Abfall des Westerwalds zum Tal der Dill und bietet einen weiten Blick hinüber ins Gladenbacher Bergland. Das allein lockt schon die Besucher. Obendrein ist in einer früheren Bastion ein einzigartiges Glockenmuseum eingerichtet, in dem eine nahegelegene Manufaktur die Kunst des Glockengusses demonstriert.

Die Burg Greifenstein, die größte Wehranlage des Westerwaldes, wurde im 13. Jahrhundert von den Herren von Beilstein errichtet, die bald den Namen ihres neuen Sitzes annahmen. Sie zählten zu den Adelshäusern, die sich gegenüber den mächtigen Nachbarn, dem Haus Nassau im Westen und den Landgrafen von Hessen im Osten, zu behaupten suchten. Von der Burg aus ließen sich die nahe vorbeiführenden wichtigen Handelsstraßen ins Dilltal und an die Lahn kontrollieren. Im 14. Jahrhundert bemächtigte sich das Haus Nassau-Dillenburg des festen Platzes, nach 1395 wurde es von Grafen aus der verzweigten Linie Solms abgelöst.

Der heute mit der markanten Schildmauer und ihren Doppeltürmen hoch aufragende Bau geht zurück auf Graf Johann von Solms-Burgsolms, der ihn zwischen 1381 und 1388 errichten ließ. Daneben zeugen leere Fensterhöhlen vom mächtigen Wohnbau des 17. Jahrhunderts. In der Folgezeit wurde die Anlage immer wieder erweitert und ausgebaut. Von 1602 bis 1635 residierte hier Graf Wilhelm I. von Solms-Greifenstein, ein renommierter Festungsbaumeister, der den mittelalterlichen Bering durch moderne Bastionen mit Geschützdecks zur Festung erweiterte, die sich während des Dreißigjährigen Krieges mehrerer Belagerungen erwehren konnte.

1676 veranlasste Graf Wilhelm Moritz von Solms-Greifenstein den Umbau der Festung in ein Barockschloss. Bedeutendstes Zeugnis aus dieser Zeit ist die Schlosskapelle Sankt Katharina, ein doppelstöckiger Bau, dessen Obergeschoss mit schwerem barocken Stuck ausgeschmückt wurde; heute dient der prunkvolle Saal als Pfarrkirche des Ortes. 1693 starb die Linie Solms-Braunfels aus; der Erbe Wilhelm Moritz von Greifenstein zog in das südlich der Lahn gelegene Braunfels.

Seit dieser Zeit stand die Burg Greifenstein leer und begann zu verfallen – die heutige Ruine geht also nicht auf Kriegszerstörungen zurück, sondern auf den nagenden Zahn der Zeit …

Eine kleine Werkstatt im Burghof dokumentiert, dass hier früher bronzene Geräte gegossen wurden. Diese Tradition verlängert ein Museum „Glockenwelt“, das neben dem Torhaus in der überdachten Bastion „Rossmühle“ eingerichtet worden ist. Mit über 100 Glocken aus 1000 Jahren und zahlreichen modernen Medien stellt hier die Glockengießerei Rincker ihre Arbeit vor; seit dem 16. Jahrhundert ist sie im nahen Sinn an der Dill ansässig.

Burg Greifenstein: die doppeltürmige Schildmauer im Norden und Reste des Saalbaus aus der Barockzeit.

Hinweise zur Literatur

Sammelwerke

Vielfältige Beiträge zu Landschaft, Sprache, Vergangenheit; Informationen zu allen Themen dieses Buches:

Wäller Heimat. Jahrbuch des Westerwaldkreises, hg. v. Kreisverwaltung, Höhr-Grenzhausen (Linus Wittig Medien) 1987 ff.

Heimatjahrbuch des Kreises Altenkirchen, hg. v. Heimatverein Altenkirchen, Altenkirchen 1958 ff.

Heimat-Jahrbuch des Landkreises Neuwied, hg. v. Kreisverwaltung, Neuwied 1925 ff.

Westerwälder Land, Niederhofen (Edition Blattwelt), vierteljährlich 2015 ff.

Grundlegende Literatur

Gensicke, Hellmuth: Landesgeschichte des Westerwalds, Wiesbaden 1958, erg. NDr. 1999 (= Veröffentlichungen der Historischen Kommission für Nassau Bd. 13)

Roth, Hermann Josef: Der Westerwald, Köln (DuMont) 1981 (= DuMont Kunst-Reiseführer)

Ders., Siegerland, Westerwald, Lahn und Taunus. Geologie, Mineralogie, Paläontologie, Stuttgart (Kosmos) 1983

Ders., Hg. unter Mitwirkung von Bruno P. Kremer: Der Westerwald. Naturgeschichte eines rheinischen Mittelgebirges, Stuttgart (Schweizerbarth'sche) 2022

Reclams Kunstführer Hessen, Stuttgart (Reclam) 51978

Reclams Kunstführer Rheinland-Pfalz, Saarland. Stuttgart (Reclam) 71980

Einzeldarstellungen

Bartholosch, Thomas; Neutsch, Cornelius; Roth, Karl-Jürgen: Vom Westerwald nach Amerika. Auswanderung im 19. Jahrhundert, Hachenburg 1996 (= Begleitbuch zur Ausstellung im Landschaftsmuseum Westerwald)

Bräuer, Martin; Sartor, Hermann J.: 950 Jahre Stadtkirche Haiger. Hg. v. d. Evangel. Kirchengemeinde, Haiger 1998

Custodis, Paul Georg: Sayner Hütte, Regensburg (Schnell und Steiner) 2012 (= GDKE Bildheft)

Döry, Ludwig Baron: Hadamarer Barock. Sakrale Bildhauerkunst des 18. Jahrhunderts, Limburg 1989 (= Begleitbuch zur Ausstellung im Diözesanmuseum Limburg 1989/90)

Grathoff, Stefan: Geschichte der Stadt Hachenburg, Hachenburg 2011

Hefele, Gabriel: Kath. Pfarrkirche St. Lubentius. Dietkirchen a. d. Lahn, Regensburg (Schnell & Steiner) 32006

Olschewski, Eckhard: Schloss und Schlossgarten Weilburg/Lahn, Regensburg (Schnell und Steiner) 2001 (= Edition der Verwaltung der Staatlichen Schlösser und Gärten Hessen, Broschüre 10)

Roth, Hermann Josef: Montabaur. Schloss und Stadt, Regensburg (Schnell und Steiner) 2012 (= Große Kunstführer 273)

Thiel, Andreas: Wege am Limes, Stuttgart (Theiss) 2005

Steege, Rudolf u. a.: Evangel. Barockkirche Daaden, hg. v. d. Evangel. Kirchengemeinde Daaden, 31997

Zeischka-Kenzler, Annette; Gros, Anja: Keramik-Hotspot Kannenbäckerland, Mainz 2019 (= Blätter zum Land 82, hg. v. d. Landeszentrale für politische Bildung Rheinland-Pfalz)

Zisterzienserabtei Marienstatt (hg. von der Abtei), Strasbourg (Editions du Signe) 2012

Online-Nachweise

KuLaDig (Kultur.Landschaft.Digital)
www.kuladig.de

Bismarckturm Altenkirchen (Nina Hassel)
Stadt Diez (Alana Dawn Knickmann)
Diez unter der Herrschaft des Hauses Nassau (Larissa Ragg)
Schloss Oranienstein (Florian Weber)
Schifffahrtstunnel Weilburg (Jörn Schultheiss)

Kulturdenkmäler in Hessen
Landesamt für Denkmalpflege Hessen
denkxweb.denkmalpflege-hessen.de

Dillenburg, Schlossberg Greifenstein, Burg Haiger, Gesamtanlage Historischer Ortskern, Evangelische Stadtkirche Herborn, Gesamtanlage mittelalterliches Stadtgebiet, Schloss, Hohe Schule Solms, Grube Fortuna Weilburg, Marktplatz, Stadtkirche/Rathaus

Landesgeschichtliches Informationssystem Hessen
hg. v. Hessischen Landesamt für Geschichtliche Landeskunde
www.lagis-hessen.de
Geschichtlicher Atlas von Hessen
Entwicklung der Grafschaft Nassau vor 1800, Erläuterungen zur Karte 15 a und b (Ulrich Reuling)

Themen
Burgen: Burg Greifenstein; Schloss Hadamar
Klöster: St. Lubentius-Stift Dietkirchen
NS-Topografie: Hadamar Landesheilanstalt

LVR Internetportal Rheinische Geschichte
http://rheinische-geschichte.lvr.de

Biografien
Carmen Sylva, Königin (Severine Delhougne)
Maximilian Alexander Prinz zu Wied, Naturforscher (Stefan Hackenbruch)
Raiffeisen, Friedrich Wilhelm (Michael Klein)
Roentgen, Abraham und Roentgen, David, Kunstschreiner (Denise Steger)

Orte und Räume
Wied/Neuwied, Fürstentum (Roland Schlüter)
Sayn, Grafschaften (Joachim Halbekann)

Regionalgeschichte.net
hg. vom Institut für Geschichtliche Landeskunde der Universität Mainz
www.regionalgeschichte.net/startseite.html

Region Westerwald
Zur Geschichte des Westerwaldes (Stefan Grathoff)
Das Kannenbäckerland (Jasmin Gröninger)

Städte und Dörfer
Abtei Marienstatt (Stefan Grathoff)

Altenkirchen (Jasmin Gröninger)
Bad Marienberg (Stefan Grathoff)
Hachenburg (Stefan Grathoff)
Museen in Hachenburg (Stefan Grathoff)
Von Humbach zu Montabaur (Jasmin Gröninger)
Westerburg (Jasmin Gröninger)

Region Mittelrhein
Zur Geschichte der Stadt Neuwied und des Neuwieder Beckens (Eva Kütscher u.a.)
Neuwied (Eva Kütscher u. a.)
Berühmte Neuwieder Persönlichkeiten (Eva Kütscher)

Rhein-Lahn
Diez an der Lahn und seine Geschichte (Arno Baumann)
Geschichte der Grafen von Nassau (Stefan Grathoff)

Auswanderung
Projekt zur Auswanderung aus den einzelnen Regionen von Rheinland-Pfalz: www.auswanderung-rlp.de

Einzelthemen

Das Hadamarer Renaissanceschloss der Fürsten von Nassau-Hadamar: www.glasmuseum-hadamar.de/mehr/das-hadamarer-renaissanceschloss.html

Ferger, Michael: Die Lahn als Wasserstraße: www.industriekultur-lahn-dill.de

Jung, Horst: Die Westerburger Talbrücke, 2017: https://hjung.home.ktk.de/Die%20Westerburger%20Talbr%C3%BCcke.pdf

Hecker, Hubert: Handels- und Musikantenkinder im Hadamarer Land: www.geschichtsverein-frickhofen.de/ArtikelDR/Fri_ArtikelDR_Musikantenkinder.htm

Landschaftsmuseum Westerwald, Das Museum: www.landschaftsmuseum-westerwald.de

Nagel, Georg: „O du schöner Westerwald“. Entstehung, Analyse, Rezeption: https://deutschelieder.wordpress.com/2015/10/05

Seidler, Herbert: Goethe in Holzappel, sowie ders.: Die Grafschaft Holzappel: https://heimatmuseum-esterau.de

Struck, Wolf Heino: Das Erzbistum Trier, Bd. 4: Das Stift Sankt Lubentius in Dietkirchen. In: Germania Sacra NF 22, hg. v. Max-Planck-Institut, Berlin/New York (de Gruyter) 1986: http://germania-sacra-datenbank.uni-goettingen.de/books/view/32

Trumpp, Thomas: Stundensteine entlang der Koblenz-Frankfurter Straße. Aus: Wäller Heimat 2007: www.arenberg-info.de/htm/Std-Steine.htm

Vahrenkamp, Richard: Der Autobahnbau 1933–1939 und das hessische Autobahnnetz. In: Zeitschrift für Hessische Geschichte 109, hg. v. Verein für Hessische Geschichte und Landeskunde, Kassel 2004, S. 225-266: www.vhghessen.de/inhalt/zhg/ZHG_109/11_Vahrenkamp_Autobahn.pdf.

Bildnachweis und Dank

„Fidele Jungen's e.V.", Weitersburg, S. 71; Geowelt Grube Fortuna e.V., Foto Michael Volkwein, S. 115; Keramik-Museum Westerwald Höhr-Grenzhausen, Foto Helge Articus, S. 75; Köhler Rheinbrohl, Carla Wilkes (www.kohlenmeiler-rheinbrohl.de), S. 53; Landschaftsmuseum Westerwald Hachenburg, Foto S. 9 Valentin Altmann, Fotos S. 4 m, 34, 50: K.-H. Zuber, mit frdl. Genehmigung; Lingenberg, Gerhard in: alt-breitscheid.de/dachdecker-thielmann-9.htm, S. 29; Roentgen-Museum Neuwied, S. 63: Foto K.-H. Zuber, mit frdl. Genehmigung; Archäologisches Forschungszentrum und Museum für menschliche Verhaltensevolution Schloss Monrepos,Neuwied, S. 57: Foto K.-H. Zuber, mit frdl. Genehmigung; Wikipedia Commons, Foto Wolkenkratzer (2016), CC-BY-SA-4.0, S. 81; Shutterstock/Oxie99: Einband vorne; Shutterstock/Tobias Arhelger: S. 2/3.

Alle übrigen Aufnahmen stammen vom Autor.

Für hilfreiche Hinweise bedanke ich mich besonders bei Dr. Michael Jungbluth (Hachenburg), Dr. Frank Moseler (Monrepos), Bernd Willscheid (Neuwied), Carla Wilkes (Rheinbrohl), Simon Schlag (Weitersburg) und Annette Zeischka-Kenzler (Höhr-Grenzhausen).

Vorsatz: Kirche in Mehren.
S. 2/3: Blick auf Dillenburg vor den Höhen des Westerwaldes.
Nachsatz: Fachwerk des Mühlenhauses Frickhofen von 1705, Landschaftsmuseum Hachenburg.

Impressum

Sutton Verlag GmbH
Schweickhardtstraße 1
72072 Tübingen
www.suttonverlag.de

ISBN: 978-3-96303-404-6
Printed in Poland by CGS
Gestaltung und Herstellung: Sutton Verlag
Lektorat: Matthias Kunstmann, Karlsruhe
Satz: Chris Langohr Design, March

Buchhinweise

Joachim Nierhoff
Sagenhafter Westerwald
Geschichten zwischen Sieg, Lahn, Dill und Rhein

19,99 € | ISBN: 978-3-95400-736-3

Dirk Eberz

Alltag im Westerwald

Zwischen Kaiserzeit und Wirtschaftswunder

22,99 € | ISBN: 978-3-89702-207-2